I0083386

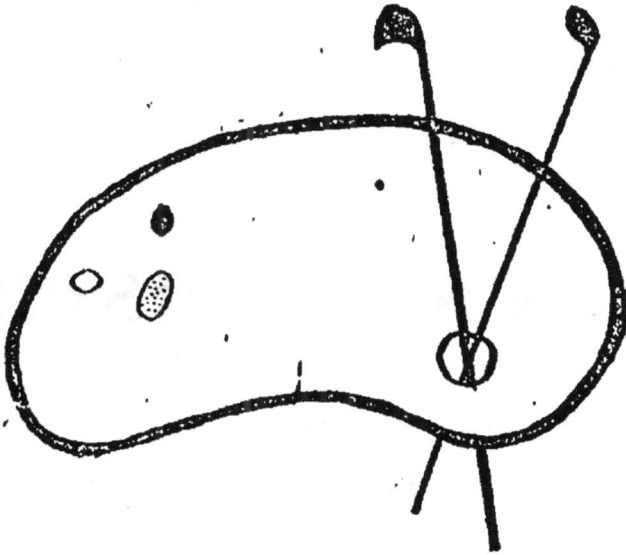

DEBUT D'UNE SERIE DE DOCUMENTS
EN COULEUR

8° R
14946
608-09

Œuvre de la Littérature Religieuse

FLÉCHIER

Œuvres choisies

Introduction et notes

par Henri Bremond

BLOUD & Cie

S. et R. 608-609

BLOUD & Cie, Editeurs, 7, place Saint-Sulpice, Paris VIe

La Pensée Chrétienne

TEXTES ET ÉTUDES
VOLUMES IN-16.

BAROZI (Jean). — Leibniz, avec de nombreux textes inédits. 1 vol. .... 5 fr. »

BREMOND (Henri). — Newman, *Le Développement du Dogme chrétien. Édition refondue et augmentée, avec Préface de* Sa Grandeur Mgr MIGNOT, Archevêque d'Albi. 1 vol. 3 fr. »

Du même auteur. — Newman, *La Psychologie de la Foi.* 1 vol. .... 3 fr. 50

Du même auteur. — Newman, *La Vie chrétienne.* 6e édit. 1 vol. .... 3 fr. 50

Ces 3 ouvrages ont été couronnés par l'Académie française.

Du même auteur. — Gerbet. 1 vol. .... 3 fr. 50

BRUNETIÈRE (Ferdinand), de l'Académie française, et DE LABRIOLLE (P.), prof. à l'Univ. de Fribourg (Suisse). — Saint Vincent de Lérins. 1 vol. .... 3 fr. »

CAVALLERA (F.), Docteur ès lettres. — Saint Athanase. 1 vol. .... 3 fr. 50

DIEULAFOY (Marcel), de l'Institut. — Le Théâtre édifiant en Espagne (Cervantès, Tirso de Molina, Calderon). 1 vol. .... 3 fr. 50

DUFOURCQ (Albert), prof. à l'Univ. de Bordeaux, docteur ès lettres. — Saint Irénée. 1 vol. .... 3 fr. 50

ERMONI (V.) — Saint Jean Damascène. 1 vol. ...... 3 fr.

GOYAU (Georges). — Moehler. 1 vol. .... 3 fr. 50

Du même auteur. — Ketteler. 1 vol. .... 3 fr. 50

LABRIOLLE (P. de), prof. à l'Université de Fribourg (Suisse). — Saint Ambroise. 1 vol. .... 3 fr. 50

LA MAYNARDIÈRE (H.). — Poètes chrétiens du XVIe siècle. Textes choisis, publiés avec des Notices. 1 vol. ... 4 fr. »

MICHELET (G.), professeur à l'Institut catholique de Toulouse. — Maine de Biran. 1 vol. .... 3 fr. »

PRAT (F.), secrétaire de la Commission biblique. — Origène. 1 vol. .... 3 fr. 50

RIVIÈRE (Jean), docteur en théologie, professeur à l'École de Théologie d'Albi. — Saint Justin et les Apologistes du second siècle, introduction par Pierre BATIFFOL. 1 vol. 3 fr. 50

STROWSKI (Fortunat), professeur à l'Université de Bordeaux. — Saint François de Sales. 1 vol. ...... 3 fr. 50

VACANDARD (E.). — Saint Bernard. 1 vol. .... 3 fr. »

Demander le Catalogue

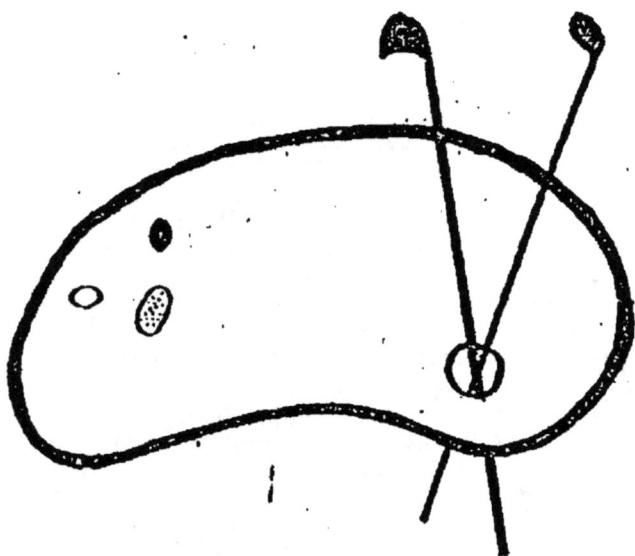

FIN D'UNE SERIE DE DOCUMENTS
EN COULEUR

Chefs-d'OEuvre de la Littérature Religieuse

FLÉCHIER

OEUVRES CHOISIES

Introduction et Notes

PAR

Henri BREMOND

DÉPÔT LÉG.

N° *1802*

1911

PARIS

LIBRAIRIE BLOUD & Cie

7, PLACE SAINT-SULPICE

1r 3, RUE FÉROU — 6, RUE DU CANIVET

—

1911

Reproduction et traduction interdites.

8° R

14946 (608-609)

DU MÊME AUTEUR

A LA MÊME LIBRAIRIE

Newman. — *Essai de biographie psychologique* (ouvrage couronné par l'Académie française), 3ᵉ édition. 3 fr. 50

Dans la collection La Pensée chrétienne :

Newman. — *Le développement du dogme chrétien.*
                                               3 fr. »
  — *La psychologie de la foi*.............. 3 fr. 50
  — *La vie chrétienne*..................... 3 fr. 50
Gerbet................................... 3 fr. 50

Dans la collection des Chefs-d'œuvre
de la littérature religieuse :

Nicole. — *Œuvres choisies*............ 0 fr. 60
Gerbet. — *Le pèlerinage d'Albéric d'Assise*.. 0 fr. 60

LIBRAIRIE PERRIN

L'inquiétude religieuse, 1ʳᵉ série, 4ᵉ édition. 3 fr. 50
L'inquiétude religieuse, 2ᵉ série, 2ᵉ édition. 3 fr. 50
Ames religieuses, 2ᵉ édition .... 3 fr. 50
Apologie pour Fénelon................... 3 fr. 50

LIBRAIRIE LECOFFRE

Le bienheureux Thomas More (collection : *Les Saints*) .... 2 fr. »

LIBRAIRIE TÉQUI

L'enfant et la vie.................... 3 fr. »

LIBRAIRIE PLON

La Provence mystique au XVIIᵉ siècle..... 5 fr. »

LIBRAIRIE SANSOT

Le charme d'Athènes................... 1 fr. »

INTRODUCTION

Nous avons laissé mourir la précieuse mémoire de Fléchier. Ni l'Eglise ni le monde lettré n'ont songé chez nous à célébrer le second centenaire (16 février 1910), de cet écrivain presque parfait qui fut aussi l'un des évêques les plus considérables de l'ancienne France. Je voudrais ramener quelques fidèles dans l'élégante, sérieuse et discrète chapelle où résonne, comme parle un des panégyristes de Fléchier, l'abbé du Jarry, « une de ces voix harmonieuses qui consolent l'homme dans l'ennui de son exil ». Brunetière, quand d'aventure, il ferme un livre de Fléchier, « l'idée faisant défaut », il ne lui reste « que le souvenir d'une exquise volupté de l'oreille ». C'est bien déjà quelque chose, aujourd'hui surtout, mais, pour moi, cette lecture me laisse une autre impression, très douce, très apaisante, assurément, mais aussi très grave et très religieuse. C'est de la noble musique d'église et comme dit encore l'abbé du Jarry, « cette sainte harmonie des paroles arrangées au son de laquelle l'esprit de Dieu entre dans les âmes », musique intérieure et dont le charme paisible est dû beaucoup moins au balancement des périodes qu'à la sérénité et qu'à la justesse de la pensée. Je ne parlerai pas des *Mémoires sur les grands jours d'Auvergne*, ce livre ayant été dignement loué par tous les lettrés ; je me bornerai au Fléchier qu'on ne lit plus et qui ne me semble pas mériter un pareil oubli.

Bien que je me propose de parler ici des écrits et non de la vie de Fléchier, je dois avouer pour être tout à fait sincère que son œuvre m'intéresse moins que sa personne, ou plutôt que dans son œuvre, sa personne m'attire avant tout. Plus je l'étudie, moins je le pénètre.

Qu'il badine avec les précieuses ou qu'il rédige une lettre
pastorale, il paraît toujours loin de ce qu'il fait. Non
qu'il soit négligent ou tiède. Au contraire, il s'acquitte
avec la conscience la plus scrupuleuse et de ses besognes
d'abbé mondain et de ses devoirs d'évêque. Ami très
sûr, prêtre irréprochable, pasteur exemplaire, il remplit
en perfection les rôles les plus divers, mais à chacun des
objets qui l'occupent il semble ne jamais donner que la
surface de son âme. Aucun élan, aucune fièvre, aucune
passion, on ne lui trouve même pas de défauts. Cet
homme de lettres n'est point vaniteux : malgré son
talent et les hautes protections dont il dispose, ce prêtre
sans fortune manque d'ambition. Il est détaché de tout
et de lui-même, par sagesse naturelle, dirait-on, et non
par un effort de vertu. M. Lanson a entrevu le problème,
mais il s'est trop hâté de le résoudre : « Par-dessus le
prédicateur et par-dessus l'évêque, écrit-il, surnage
toujours le galant homme, qui « ne se pique de rien »,
qui fait les devoirs de son état en perfection, sans tapage
et sans pose, sans gravité trop sérieuse aussi, avec un
coin de sourire aux lèvres et un air exquis de finesse un
peu railleur ». Ce n'est pas tout à fait cela. S'il a lu
les dix volumes de Fléchier, M. Lanson les a lus,
pour ainsi dire, à travers les *Mémoires sur les grands
jours*. En chaire, Fléchier est tout à fait grave et
d'un zèle courageux qui ne le cède pas à la belle
franchise de Bourdaloue. Au demeurant, il tenait beaucoup moins qu'on ne le croit, à cette jolie vie mondaine
que ses lettres évoquent avec tant de complaisance. Une
fois évêque, on ne voit pas qu'il ait sérieusement
regretté l'air de Paris, de la cour et des salons. Il s'est
fait à sa nouvelle existence avec une facilité qui nous
étonne, nous qui rencontrons si souvent le carrosse
de M. de Meaux sur le chemin de Versailles et qui
avons entendu la plainte de Fénelon exilé. Vous
me direz que Nîmes est au bout du monde. Ce n'était
pas, alors du moins, une raison pour n'en pas sortir.
Non, Fléchier s'adapte sans effort à toutes les exi-
gences de ses nouvelles fonctions. Aucune des occupations d'un évêque ne lui paraît méprisable. Son peuple,

ses religieuses, ses chanoines, il s'inquiète régulièrement
des besoins de tous. Lettres intimes, mandements, discours, sa jolie plume ne refuse jamais le travail.

Dans ses rapports avec les protestants, il est admirable
de sagesse et, quand besoin est, d'énergie. Il a vu le
danger de près, mais avec un courage si paisible qu'on
ne songe même pas à le célébrer. A ceux de ses prêtres
qui avaient fui devant le martyre, il écrit une lettre
exquise, pleine d'un mépris discret et d'une miséricorde
paternelle. Il ne les gronde pas, il les humilie suavement
et il leur donne un règlement méticuleux pour occuper
les loisirs que leur lâcheté leur a faits. En temps de
peste, on a la certitude qu'il aurait égalé le dévouement
de saint Charles ou de Belzunce et néanmoins on sent
que l'on ferait une faute de style si l'on parlait de
l'héroïsme de Fléchier. Mourir à son poste ne lui aurait
pas plus coûté que d'écrire un billet charmant à
Mlle Deshoulières. Je vous jure que je n'exagère rien.
En vérité, il est unique, aussi peu ressemblant que
possible à l'image qu'on se fait généralement du caractère provençal. Précieux avec les précieux, M. Lanson a
dit de lui un mot presque juste. Fléchier, d'après lui,
aurait eu « le tact suprême d'être sincèrement chrétien ».
Je veux bien, car il élevait le tact à la hauteur du génie,
mais prenez garde que le christianisme de Fléchier est
plus que sincère, il est, dans une certaine mesure, fervent. Toutefois cette ferveur elle-même présente un
phénomène bien curieux. Chrétien de naissance et
d'éducation, croyant et pieux par devoir, on ne voit
pas que sa religion le passionne et le prenne tout entier.
Je voudrais pouvoir le dire raisonnablement, froidement
chrétien, mais ces épithètes non plus ne conviennent pas
tout à fait. Laissons-lui donc son secret. Qu'il me
suffise d'avoir montré que le personnage n'est point
banal et mérite qu'on l'observe de très près.

Brunetière ne lui trouve « rien d'intérieur », ce
qui veut dire simplement que Fléchier, grand observa-
teur des convenances littéraires, n'a pas jugé bon d'in-
sérer un chapitre de Montaigne dans l'oraison funèbre
de Turenne. Il était au contraire méditatif, peut-être

aussi rêveur que La Fontaine. Un peu massif, le visage tout rond comme celui de Nicole, dans le monde, il écoutait beaucoup, regardait plus encore au fond des âmes et parlait fort peu. Il adorait la campagne et dans le commerce des hommes il ne goûta jamais que les plaisirs de l'amitié.

Ne m'appelez point, je vous prie, homme de cour, mandait-il de Versailles à Mme Deshoulières, je suis aussi solitaire que vous sauriez l'être. Je ne suis de ce monde que parce que je l'habite ; il y a plus de huit jours que je n'ai vu le roi qu'à l'église ; le feu prit, il y a quelques nuits, dans le château et je ne viens que de l'apprendre aujourd'hui. On ne me voit ni aux répétitions du ballet, ni aux assemblées qui se font ici presque tous les jours : je ne pense pas même à tous ces divertissements. Mes principales pensées sont que je suis éloigné de vous (1).

Cette amitié ne l'absorbait pas tout entier, mais elle lui était une raison nouvelle de chérir la solitude. La cour vient-elle de se transporter à Fontainebleau, Fléchier n'a rien de plus pressé que de fuir ce brillant cortège.

J'arrivai hier ici, Mademoiselle, et je m'y suis promené toute la journée ; j'ai visité tous les canaux et toutes les routes des bois et j'ai été pour le moins aussi triste et aussi solitaire ici que vous pouvez l'avoir été à Paris. J'ai tâché quelquefois de me consoler ou par le souvenir de vous avoir vue dans ces allées et sur les bords de ces fontaines, ou par l'espérance de vous y voir en peu de temps (2).

N'est-ce pas charmant de vérité et de grâce tendre, ne reconnaissez-vous pas là le propre style de l'auteur d'*Andromaque* ? *Précieux* est bientôt dit, mais qui nous donnera d'écrire comme ce précieux ! Tout le monde connaît la délicieuse lettre de Dunkerque, mais je ne résiste pas au plaisir de transcrire cette merveille.

---

(1) A. Fabre. La Correspondance de Fléchier avec Mme Deshoulières et sa fille, p. 127.
(2) *Ib.*, p. 320.

Nous voici, Mademoiselle, heureusement arrivés à Dunkerque. Chacun a d'abord couru vers la mer. Les uns sont allés visiter les vaisseaux qui étaient au port ; les autres sont montés sur des chaloupes : ils se sont bien divertis. Pour moi, je suis allé rêver sur le rivage et je ne me suis point ennuyé. Rien n'entretient si agréablement l'esprit dans ses pensées que la vue de ce vaste élément et le murmure de ces ondes qui s'entre-choquent les unes les autres, et il n'y a point de solitude où l'on soit plus seul et plus recueilli qu'en celle-là. Comme j'étais tout entier à moi et que rien n'était capable de m'interrompre, j'ai plus rêvé en une demi-heure que vous ne rêvez en un jour dans votre retraite. On m'est venu tirer de là pour me faire voir les fortifications... je n'ai ouï parler que de bastions, de demi-lunes et d'autres ouvrages que les gens de métier admirent et que j'ai fait semblant d'admirer comme eux. Cependant j'aurais voulu me promener encore sur le rivage et je plaignais mon imagination d'être comme forcée de s'occuper de ces objets, lorsqu'elle pouvait s'en fournir de plus agréables. Grâce à Dieu, me voilà quitte de toutes les causeries militaires, je me renferme en moi-même et... je romps ici ma période pour lire une lettre de vous qu'on m'apporte (1).

Assurément je ne compare le « vaste élément » de Fléchier ni aux « espaces infinis » de Pascal ni au lever de lune du *Traité sur la concupiscence*. Mais enfin comment ne pas admirer l'élévation naturelle, la rare distinction de cet homme de rien que n'éblouissent ni le roi, ni les fêtes de la cour, ni le tapage d'une promenade militaire et qui préfère à ces brillantes bagatelles une promenade « rêveuse », « recueillie » sur la dune de Dunkerque ou à l'ombre des forêts. Vous préférez à ces méditations « agréables » une mélancolie plus poignante et peut-être vous permettrez-vous de reprocher à ce prêtre je ne sais quel raffinement sur ses plaisirs. Vous êtes bien difficile. Pour moi, je ne demande pas à Fléchier d'être un Hamlet et j'ai des raisons de lui pardonner s'il n'a pas été un saint Bernard. N'en déplaise aux romantiques et aux pharisiens,

(1) Mgr FAVRE, *l. c.* p. 134.

je m'arrête, non seulement avec beaucoup d'amitié, mais
avec respect devant cette vie intérieure très discrète,
très pure, très noble. De telles âmes ne laissent entre-
voir que la moindre partie de leurs richesses et moins
encore que leurs vertus elles n'aiment à étaler leurs
souffrances. Fléchier n'aurait eu qu'à se laisser vivre
pour être une façon de La Fontaine, le génie en moins,
un second abbé de Choisy. Nous savons qu'il fut
tout autre chose, un digne prêtre et un saint évêque.
Mais à quoi bon plaider une cause perdue, la cause
des humanités chrétiennes. Sublime ou frivole, il nous
faut aujourd'hui choisir entre ces deux termes extrêmes.
Fénelon lui-même, pour avoir écrit son *Télémaque*, ne
nous paraît pas sérieux (1).

Très intéressants à qui veut connaître l'originalité
morale de Fléchier, les détails qu'on vient de lire nous
éclairent encore sur l'originalité littéraire de cet écrivain. Prévenus par nos manuels, nous nous le repré-
senterions volontiers, emprisonné dans son cabinet de
travail, un volume de Balzac ou de Cicéron sous les
yeux, et peinant sur une page d'écriture indéfiniment
recommencée. Rien de moins exact. Ce grand prome-
neur compose en se promenant.

J'ai eu pendant quelques jours assez d'embarras, écrit-l
de Brissac en Alsace, à Mⁿᵉ Deshoulières. On avait
eu le dessein de consacrer solennellement l'église prinçi-

_____

(1) Voici encore un joli texte, un autre instantané qui nous montre
Fléchier pendant les voyages de la cour. « Quelque fatigue qu'il y ait
à suivre la cour, Mademoiselle, je sens bien que je me délasse en
vous écrivant... La vie que nous menons serait assez triste sans
certains adoucissements que l'amitié y mêle de temps en temps.
Etre incessamment par chemins, voir tous les jours du fond d'un
carrosse lever et coucher le soleil, ne savoir si on sera logé et si on
campera, être occupé soir et matin à faire tendre ou détendre un lit,
ce sont des embarras dont la seule nécessité pouvait me rendre
capable. Je marche pourtant, Mademoiselle, et je remplis exactement
tous les devoirs d'un courtisan pèlerin... je suis un peu diverti par
la variété des objets qui se présentent, mais je n'en suis pas occupé.
Quoique je sois en assez bonne compagnie, je ne suis jamais plus
content que quand je suis seul, et j'ai au dedans de moi un fond
d'entretien que j'aime mieux que toutes les conversations des autres.
Jamais je n'ai parlé si peu, mais en récompense je n'ai jamais tant
pensé ». Mgr FAVRE, *l. c.*, p. 123, 124.

pale de Strasbourg et de faire de cette action une cérémonie fort éclatante. Le cardinal de Bouillon devait être le célébrant et l'on m'avait choisi pour prédicateur. J'ai rêvé, j'ai composé mon discours dans ma tête, et voilà qu'on vient de m'avertir que tout est changé (1).

Composer en rêvant, sans livres ni papier, les manuscrits de Fléchier semblent montrer que telle était bien sa méthode habituelle. Ces manuscrits ne présentent presque pas de ratures (2). Ceux de Fénelon non plus. Mais l'âme de Fénelon est si vive qu'elle s'exprime sans effort et de primesaut. Fléchier, au contraire. Il est né lent. D'un autre côté nous le savons très artiste. Il rumine indéfiniment sa pensée avant de la produire, et nous l'avons vu tantôt se délecter dans cette méditation indolente. Ses phrases se font ainsi toutes seules, il les remanie, il les caresse, il les achève lentement. Quand il prend la plume, il n'a qu'à se souvenir (3) ; on n'est pas moins orateur que lui. Il était fait pour écrire des *caractères*, des *essais de morale*, des *conversations chrétiennes*, et peut-être des romans. On trouve en lui du Fontenelle et du Joubert, et c'est merveille qu'il ait réussi à faire si bonne figure dans un genre qui n'était pas le sien, à une époque où les prêtres véritablement éloquents ne se comptaient pas. Raison de plus pour croire que ses contemporains admiraient en lui un mérite plus sérieux que celui que nos manuels s'accordent à lui reconnaître. Si d'une part, en effet, ils ne pouvaient pas ne pas saisir le contraste entre les méditations de Fléchier et la fougue de Mascaron, de Bossuet ou de

(1) Mgr Fabre a ajouté à cette citation une note très intéressante : « A l'époque de l'entrée des Français (1681), la cathédrale de Strasbourg était en la possession des Luthériens. Le roi la rendit à l'évêque, tout en permettant aux protestants d'y faire leur office à des heures déterminées », *l. c.*, p. 232, 233. Le « tout est changé », de Fléchier, s'explique peut-être par cette dernière concession qui n'aurait pas été consentie encore au moment où l'on avait fixé le programme de la cérémonie « fort éclatante ».
(2) Mgr FABRE, *l. c.*, p. 260.
(3) Je me demande si cette remarque n'expliquerait pas, en les excusant, les prétendus plagiats de Fléchier. Chez un homme qui écrit ainsi tout haut, en se souvenant, des réminiscences seraient toutes naturelles.

Bourdaloue, ils n'étaient pas gens non plus à porter bien haut un simple diseur de riens élégants. Cette vraisemblance se change en une certitude aussitôt qu'on se met à lire les œuvres complètes de ce noble et grave génie. Dès les premières pages on est déçu, très heureusement déçu. Sur la foi de la légende, on s'attendait à de rares concerts, à de précieux effets de style, à une réplique indéfinie de l'*Oraison funèbre de Turenne*, de ce fameux discours où, dit encore Brunetière, « quiconque parle de Fléchier ne peut pas s'empêcher de revenir, puisqu'enfin c'est de l'œuvre entière, le seul morceau qui tienne encore debout ». A Dieu ne plaise que je fasse fi de cette pièce magnifique, je crois pourtant qu'on ne connaît pas Fléchier lorsqu'on n'a parcouru que le plus somptueux de ses discours. Qu'on me pardonne ce paradoxe, le Fléchier des autres *Oraisons funèbres*, celui des *Sermons*, des *Panégyriques*, des *Mandements*, bref le Fléchier de tous les jours, est simple, sobre d'ornements, peu soucieux de sonorités savantes. Il écrit bien — c'était une de ses manies — mais avec un sens très juste des convenances et sans jamais sacrifier le devoir d'instruire au désir de plaire. Sa phrase, le plus souvent, ne charme l'oreille que parce qu'elle ne la blesse point. Elle n'est pas sensiblement plus musicale que celle de la plupart des contemporains. Balzac, le maître du nombre, les avait tous plus ou moins formés. Le rythme de Fléchier est plus divers, plus libre, moins cherché que celui du *Socrate chrétien*, et c'est pour cela, sans doute, que nous le trouvons plus harmonieux (1). Aussi bien, c'est la phrase moyenne du grand siècle, raisonnable, bien articulée, aux belles cadences, une phrase presque toute latine, moins excellente, à mon sens, que la phrase du xvi⁰ siècle, moins voluptueuse que celle de Chateaubriand ou de Massillon. L'on n'est

---

(1) Pour les curieux de ces jolies choses, j'indique une des petites habiletés de Fléchier. Il est moins enchaîné à ses conjonctions que Balzac, si l'on peut ainsi parler, et, par exemple, il supprime quelquefois les « et » avec un rare bonheur.

pas moins surpris de trouver dans ses œuvres religieuses
relativement si peu de traces de cette préciosité que nos
maîtres d'aujourd'hui blâment si fort chez l'auteur des
grands jours d'Auvergne. J'avoue bien que, sauf dans
les *Mandements* qui défient la critique la plus exigeante,
l'évêque de Nîmes ne repousse pas toujours aussi énergi-
quement qu'on le voudrait les faux brillants qui avaient
ravi sa jeunesse. Le goût de Fléchier trébuche parfois,
et l'on pourrait aisément relever dans ses dix volumes
quelques douzaines d'antithèses encore plus vaines
qu'étincelantes. Mais enfin, il donne beaucoup moins
souvent qu'on ne l'a dit dans ces menus travers qui,
soit dit en passant, ne sont pas toujours la preuve d'un
esprit frivole et que l'on rencontre chez d'autres pen-
seurs plus subtils que lui et plus pénétrants, saint
Augustin, par exemple. Du reste, au point de vue plus
sérieux qui nous occupe, tout cela n'a pas d'importance. Nous ne prêtons à Fléchier ni l'atticisme d'un
Fénelon, ni le sublime d'un Bossuet, nous disons simplement que ce précieux n'est pas un rhéteur et qu'on
ne lui rend pas la justice qu'il mérite, lorsqu'on se
borne à célébrer la musique de ses phrases et l'ingé-
niosité de son esprit.

Une seule de ces phrases, mais choisie au meilleur
endroit, fera voir au lecteur que je ne prétends pas lui
en imposer. Assurément si l'ami de Mlle de Scudéry eut
jamais l'occasion — je dirais presque, le droit — d'en-
châsser dans un de ses discours tous les diamants de la
rhétorique précieuse, ce fut bien je pense, lorsqu'il lui fut
donné de prononcer, devant un auditoire qui savait par
cœur la *guirlande de Julie*, l'oraison funèbre de Julie
d'Argennes, de la propre fille de Madame de Rambouillet. Imaginez ce discours rédigé par Balzac, par Voiture
et même par le grand Corneille. Fléchier pourtant, ce
jour-là, a été simple, pieux, touchant. Qu'on en juge
plutôt sur la prosopopée finale.

Plût à Dieu que cette illustre morte pût encore vous
exhorter elle-même : elle vous dirait : Ne pleurez pas sur
moi. Dieu m'a retirée par sa grâce des misères d'une vie

mortelle. Pleurez sur vous qui vivez dans un siècle où l'on voit, où l'on souffre et où l'on fait tous les jours beaucoup de mal. Apprenez de moi la fragilité des grandeurs humaines : Qu'on vous couronne de fleurs, qu'on vous compose des guirlandes : ces fleurs ne seront bonnes qu'à sécher sur votre tombeau ; que votre nom soit écrit dans tous les ouvrages que la vanité de l'esprit veut rendre immortels : que je vous plains s'il n'est pas écrit dans le livre de vie !

Que cet exemple nous suffise. Il est concluant. Aussi bien j'avertis les difficiles qu'à la fin de ce morceau brille une antithèse, compliquée d'une allusion ; un redoublement de figure : la guirlande de Julie opposée au livre de vie. Mais quoi, l'idée n'est-elle pas naturelle, juste, édifiante, n'est-elle pas imposée par la circonstance ? A la place de Fléchier, Bossuet aurait-il dédaigné de jeter cette fleur suprême sur la tombe d'une femme dont le nom évoquait chez tous les assistants la grâce et le parfum de ces images, croit-on qu'il aurait parlé de Julie d'Angennes avec une élégance plus délicate et plus digne, avec un sentiment plus sincère ?

A-t-on remarqué dans le texte que je viens de citer, cette courte phrase, si bien faite et si pleine, « un siècle où l'on voit, où l'on souffre et où l'on fait tous les jours beaucoup de mal. » C'est un sermon en trois mots, c'est le contraire de ces dilutions verbales chères aux rhéteurs. Fléchier, que l'on nous a dit si bavard, affectionne au contraire cette manière ramassée et dense ; il résume souvent beaucoup de choses en peu de mots. Qu'on lise par exemple, ce court passage sur la conversion de saint Paul. Cet apôtre illuminé par la grâce,

baissa sa tête humiliée sous la main d'un disciple inconnu ; ET RÉDUISANT SA MISSION EXTRAORDINAIRE A L'ORDRE COMMUN DE L'ÉGLISE, tout instruit qu'il était il voulut bien l'accepter pour maître.

Un développement de trois pages n'eût pas épuisé cette pensée forte et profonde. Demandez plutôt à Bossuet qui a traité magnifiquement le même thème dans son discours sur l'*Unité de l'Église*. Il ne s'agit pas de comparer ces deux passages. J'ai déjà dit que Fléchier n'est pas orateur, et que, par suite, il faut le lire à tête reposée, le reprendre et le savourer ligne à ligne. Ainsi de ce beau paragraphe sur la Madeleine où l'on me permettra de souligner les raccourcis principaux soit d'images soit de pensées.

Sa conversion fut parfaite, mais encore elle fut constante. La charité de sa nature est immortelle... Tout le monde est sujet à la décadence... ; *les vertus n'ont plus d'action après la mort parce qu'elles n'ont plus d'objet ; la charité seule ne manque jamais. Elle passe du temps à l'éternité, parce qu'elle tend à Dieu, et qu'elle s'unit à Dieu qui n'a ni commencement, ni fin, ni vicissitude.* Telle fut la charité dans le cœur de cette pénitente. Depuis qu'elle eut commencé d'aimer Jésus-Christ, elle ne cessa de l'aimer. *Elle le suit pour écouter ses paroles, pour voir ses actions, pour le servir dans ses besoins.* Ira-t-il dans le château de Béthanie, elle répandra sur lui ses parfums, même jusqu'à la profusion... Sera-t-il dans le fond d'un sépulcre, *elle s'y reposera en compagnie des anges...* Ressuscitera-t-il glorieux, *elle sera comme l'aurore de ce soleil renaissant et l'adorera dans sa gloire.*

Les idées ne sont qu'indiquées. Le panégyriste n'ajoute que deux lignes au texte classique de saint Paul sur la charité, mais deux lignes lumineuses et qui vont à la raison dernière des choses. Il n'appuie pas davantage sur les nombreuses visions qu'il évoque, Madeleine attentive à *voir les actions* de Jésus et *se reposant* sur la pierre du tombeau, *en compagnie des anges.* Enfin le dernier symbole n'est-il pas discret, riche et délicieux comme une strophe d'Adam de Saint-Victor ? Non, le tort de Fléchier n'est pas de parler pour ne rien dire, mais au contraire de ne pas assez amplifier ce qu'il dit, et pour parler sa langue, s'il paraît à plusieurs ne pas penser, c'est peut-être qu'il pense trop. Son discours ne ressemble ni à un torrent ni à un fleuve, et par suite n'est pas un discours. L'orateur ne se laisse pas entraîner par le mouvement de sa thèse. Il s'arrête à chaque pas. Il creuse et polit

non pas la forme, comme on dit toujours, mais le fond
des idées particulières qui se présentent. Il veut voir
clair dans chacune d'elles pour les traduire avec plus de
perfection. Fontenelle plutôt que Malebranche, Balzac
plutôt que Bossuet. Ce n'est pas le verbiage, c'est le
plaisir de raffiner sur chaque pensée qui paralyse en eux
non seulement l'éloquence, cela va de soi, mais encore et
dans une certaine mesure l'intelligence elle-même. En
effet, la préciosité est une maladie de l'esprit beaucoup
plus qu'une maladie du style, ou, si vous aimez mieux,
elle n'affecte le style que par suite de la discipline trop
gênante, trop divertissante, trop exigeante, qu'elle fait
subir à l'esprit. Sauf quelques défauts qui en soi n'auraient aucune importance, phrase à phrase, la plupart
des précieux écrivent, parfaitement, et voilà pourquoi
les amateurs leur restent fidèles, eux qui tiennent avec
le poète anglais que *a thing of beauty is a joy for ever.*
Mais la pensée humaine n'est pas un diamant ; mais pas
plus qu'un chapitre de philosophie, une œuvre oratoire
ne doit ressembler à un collier de perles ; mais les
plus beaux bassins de Versailles ne valent pas un
simple ruisseau qui court en chantant. Il y a certainement plus de paroles inutiles dans un dialogue de
Platon que dans un chapitre de ce malheureux Joubert, —
un précieux je pense, — « tourmenté par la maudite ambition de mettre toujours tout un livre dans une page,
toute une page dans une phrase et cette phrase dans
un mot. » Des deux pourtant, c'est Platon qui pense le
mieux, parce qu'il pense plus humainement, avec plus
d'abandon, plus d'élan et plus d'allégresse.

Mais une nature aussi complexe que celle de Fléchier
ne saurait se définir par une seule de ses tendances.
D'autres qualités, d'autres vertus intellectuelles et
morales font contrepoids chez lui à ce goût qu'il avait
pour les raffinements de la pensée et de l'expression.
Sans être un rhéteur, il possédait parfaitement les
règles de la rhétorique, c'est-à-dire de la composition
oratoire. D'un autre côté, il suffit de lire le plus travaillé de ses panégyriques pour se convaincre que cet
insigne précieux, une fois en chaire, bien loin de

vouloir faire miroiter son bel esprit, songe avant tout à l'instruction et à l'édification de l'auditoire. Aussi, bien qu'il reste un de ces auteurs qu'on doit relire deux ou trois fois pour les comprendre et les savourer pleinement, sa pensée se développe et marche au but avec assez de vivacité et de décision pour que, dans l'ensemble, tout le monde puisse la suivre sans effort et avec profit. Ainsi, par exemple, dans son panégyrique de saint Augustin, il s'explique sur la matière de la grâce avec une limpidité, une simplicité et une ardeur admirable. Le morceau est un peu long, mais je n'ai pas le courage et, remarque plus importante, je n'ai pas le moyen d'en retrancher plus de deux phrases.

Il sortit, en ce temps, des bords de l'océan britannique, un homme présomptueux, plein de lui-même, inconstant dans la foi, ingrat envers Jésus-Christ et envers sa grâce ; jaloux de sa liberté et son indépendance ; capable de gagner la bienveillance des hommes, en flattant leur orgueil et leur amour-propre ; assez faible pour tomber dans l'erreur, assez hardi pour la soutenir, assez adroit pour y engager les autres. Tel et plus dangereux encore était Pélage dans le royaume de Jésus-Christ...

Il niait le péché originel et rendait la grâce dépendante de nos mérites. Il assurait que l'homme se suffisait à lui-même et qu'il avait en lui une capacité naturelle de faire le bien et le mal ; que la raison seule, sans le secours du ciel, pouvait résister aux plus fortes tentations de la vie ; que comme il y avait dans la volonté des chutes du bien au mal, il y avait aussi, dans la même volonté, des retours du mal au bien ; que notre âme n'avait qu'à faire ses choix et à se déterminer elle-même ; que nos volontés étaient les principes de nos bonnes actions et que nous étions nous-mêmes les principes de nos bonnes volontés ; qu'enfin il y avait dans nos âmes un fond d'innocence et, pour ainsi dire, une justice naturelle qui préside à toutes nos facultés, qui discerne le bien d'avec le mal, qui forme les bons désirs en nous, et qui, selon les règles d'une conscience naturelle approuve les bonnes actions et condamne les criminelles.

Il trouve par avance dans l'esprit qu'il voulait corrompre, les semences de la corruption. Sa doctrine était appuyée par la philosophie qui ne peut souffrir que nous

ayons perdu la liberté de faire le bien : elle était fortifiée
par l'orgueil de l'esprit humain qui veut qu'on soit maître
de son salut. Ses principes étaient gravés dans le cœur
des hommes, où la nature corrompue défendait elle-
même ses intérêts et si Tertullien a dit autrefois que nous
naissons tous hérétiques, parce que les ténèbres de l'erreur
sont répandues dans la nature, on peut encore mieux
dire que nous naissons tous pélagiens, parce que le premier péché nous a laissé comme en partage, l'orgueil de
l'esprit, l'amour de soi-même, le désir de l'indépendance
et la confiance en nos propres forces. L'Eglise d'Afrique
étonnée cherche les moyens de réprimer cette hérésie naissante : elle s'assemble dans des conciles provinciaux : les
saints évêques s'encouragent et, par une inspiration particulière du ciel, ils chargent Augustin de combattre pour
la grâce et de délivrer Israël des insultes du géant orgueilleux qui le menaçait.

C'est alors qu'Augustin, comme un autre David, sort
en campagne ; il écrit, il dispute, il attaque, il défend, il
répond, il interroge ; partout il confond ses ennemis,
partout il fait triompher la vérité. Il oppose à toute la
délicatesse de la raison, à toutes les subtilités de la philosophie, à tous les artifices de l'éloquence, à toutes les
douceurs de l'orgueil, à tous les penchants de la nature,
il oppose, dis-je, un esprit élevé, une raison épurée, un
naturel heureux et cultivé, une éloquence forte, une humilité profonde, une grâce étendue. Toute l'Eglise l'écoute
avec admiration. Jérôme dans la Palestine, courbé sous
le faix de ses travaux, accoutumé lui-même à vaincre,
quitte sa plume fatale à tant d'hérétiques et ne veut dire
autre chose sinon qu'il n'y a rien à dire après Augustin.

Qu'il était difficile d'expliquer le mystère ineffable de
la communication de cette grâce qui découle de Jésus-
Christ à ses fidèles, qui les anime et qui les fait mouvoir
conformément à sa grandeur et à sa nature, c'est-à-dire,
avec force et avec liberté !

Comment rendre la grâce de Dieu triomphante et la
liberté de l'homme inviolable, comment déterminer les
mouvements et les mesures de l'un et de l'autre ? Il faut
donner à la grâce une force invincible qui ne soit pas une
violence ; donner à la liberté un acquiescement qui ne
soit pas une contrainte ; mêler si bien les droits du ciel
et ceux de la terre qu'on rende à Dieu ce qui est à Dieu
et qu'on n'ôte pas à l'homme ce que Dieu lui laisse...

L'artifice qui préside à cette composition n'est-il pas assez caché ? Cette fresque, historique et dogmatique, pittoresque et doctrinale tout ensemble et dont tous les détails sont choisis, placés, rendus avec une telle précision, ne vous paraît-elle pas assez vaste ? Il y manque, je le veux bien, les éclairs d'un Bossuet, la fougue d'un Delacroix, au demeurant quelle belle lumière, quelle forte ordonnance, quel mouvement paisible et sûr !

Comme on vient de le voir, ce précieux abbé ne redoute pas d'aborder en chaire la théologie la plus savante. Précieux, toute spéculation l'attire : homme de devoir et prêtre excellent, il ne se permettrait pas de sacrifier le dogme à la morale et par là de priver son auditoire de l'instruction dont il a besoin. J'ai cru même m'apercevoir, à certains traits indiqués d'un geste rapide, qu'il avait étudié les théologiens avec plus de curiosité que la plupart des prédicateurs, même au temps de Bossuet, n'ont coutume de le faire. Il frôle en passant certains problèmes de scolastique pure qu'il énonce de manière à nous montrer que de telles questions ne lui sont pas étrangères. S'il ne pousse pas sa pointe plus avant, c'est peut-être qu'il redoute, non seulement pour son auditoire, mais encore pour la sérénité de sa propre foi, toute « connaissance stérile » qui ne se tournerait pas à aimer. Je trouve même chez lui un curieux passage que nous traiterions aujourd'hui de pragmatiste. C'est dans un sermon pour le jour de Noël.

N'entreprenons pas de pénétrer dans ce mystère que saint Paul appelle impénétrable et comme les géographes, après avoir tracé des mers et des terres qui leur sont connues par les navigateurs et par les voyages, marquent dans l'extrémité de leurs cartes : ce sont ici des pays perdus, des terres inconnues, des déserts vastes et inhabitables, des mers sans fond et sans rives, et sauvent ainsi leur jugement en avouant leur ignorance ; ainsi, après avoir tiré du mystère de l'Incarnation et de la naissance de Jésus-Christ ce qui peut contribuer à notre instruction et à notre exemple, confessons que notre esprit est arrivé aux dernières limites de sa connaissance.

Passons-lui cette apparence d'agnosticisme en faveur de l'élégance de ses images et de l'orthodoxie certaine de ses intentions. Au demeurant, je ne le présente pas comme un théologien de profession. Il ne donne sa vraie mesure que sur le terrain de la morale, mais sur ce terrain, à l'éloquence près dont j'ai déjà dit qu'il était dépourvu, il ne le cède ni pour la franchise apostolique, ni pour le sérieux et la profondeur des analyses aux plus illustres de ses rivaux.

Dès sa jeunesse, il avait eu le goût du recueillement et de l'observation intérieure, assez détaché de lui-même et tout ensemble assez clairvoyant pour se connaître de part en part. Nous avons son propre portrait, écrit de sa main et qui ne devrait pas être moins cher aux psychologues que le portrait de la Rochefoucauld. Dans ces pages longtemps fameuses, il parle de ses défauts et de ses mérites avec une égale sérénité, sans plus de faiblesse pour les premiers que de complaisance pour les seconds. Il faudrait être ou très inintelligent ou très vaniteux — les deux sans doute — pour lui reprocher cette innocente merveille où, du reste, Fléchier, toujours maître de sa plume, n'a dit de lui que ce qu'il en a bien voulu dire, nous promenant, pour ainsi dire, à la surface de son secret (1). Quant aux grandes et aux petites misères du cœur humain, on avouera, j'imagine, que l'auteur des *Mémoires sur les grands jours* avait le moyen de les découvrir. Bien se connaître et bien connaître les autres, ajoutez à cela les autres vertus d'un bon prêtre, le courage, le zèle, l'indulgence et vous aurez un moraliste chrétien dans toute la force du mot.

On n'attend pas que je fasse ici par le menu la preuve de ce que j'avance et que je tresse une anthologie des plus beaux essais de morale qui se rencontrent dans l'œuvre oratoire de Fléchier : un ou deux textes

(1) Il y a de lui un beau sermon sur la connaissance de soi-même (III⁰ dimanche de l'Avent) avec ce texte plein de promesses : *Tu qui es... quid dicis de te ipso.*

me suffiront, celui-ci, par exemple, sur le progrès insensible de la passion.

Ce n'est d'abord qu'une curiosité sans dessein ; il en vient une affection qui paraît honnête ; il s'y mêle quelque complaisance mondaine ; l'esprit s'attache peu à peu, le cœur s'attendrit ; on cherche les moyens de plaire ; l'inquiétude se fait sentir ; à mesure qu'on se voit, le désir de se voir augmente ; certains désirs vagues qu'on ne discerne pas d'abord se forment dans l'âme : de là viennent les intelligences criminelles, les commerces scandaleux, les agitations continuelles et toutes les suites d'une passion également fatale et inquiète, soit qu'on y puisse réussir, soit qu'on ne puisse la satisfaire.

Pour réaliser exactement l'effet que produisaient de telles paroles, il faut se représenter Fléchier au moment où il les prononce, grave, pénétré, s'arrêtant à chacune des étapes qu'il marque aux ravages de l'amour, donnant à ses auditeurs le temps de se reconnaître dans le miroir qu'il leur présente et d'achever par les souvenirs de leur propre vie l'image que son infinie délicatesse lui défend de pousser trop loin.

Parmi les défauts qu'il avait à censurer, deux semblent l'avoir occupé davantage, la médisance à laquelle il revient sans cesse, et plus encore ce formalisme religieux qui fut peut-être la plaie la plus lamentable de ce temps-là. Ayant beaucoup vécu à la cour, il en savait long sur ce point.

En quoi consiste l'essence de la conversion, — se demande-t-il à propos de sainte Madeleine ; — est-ce à pleurer ? Il y a des larmes sans mérite qui coulent sur le péché et ne lavent pas le pécheur ; qui sont des chagrins de la cupidité et non pas des tristesses de la pénitence. Est-ce à jeûner ? L'Écriture nous apprend qu'il y a des jeûnes réprouvés et des abstinences hypocrites que Dieu rejette. Est-ce à confesser ses péchés ? Ne cherche-t-on pas quelquefois dans ces confessions froides et historiques, le soulagement de sa conscience, plutôt que l'amendement de sa vie.

« Des confessions historiques », retenez ce mot. Il
est d'un écrivain qui, sans doute, a beaucoup pratiqué
Tacite, mais à qui les secrets de notre langue ne sont
pas moins familiers.

Toute leur vie, — écrit-il encore à propos des chrétiens selon le monde, — se réduit à des spectacles qu'on
a vus, à des compliments qu'on a faits, à des visites qu'on
a rendues, à des nouvelles qu'on a apprises ou débitées.
Ils passent sans scrupules ces années d'amusement qu'in-
terrompent à peine quelques bienséances de religion que
le monde même demande, quelques remords qu'une
réflexion importune aura tirés d'un cœur lassé peut-être
de ses plaisirs, et quelques soupirs que le danger d'une
mort prochaine arrachera de leur esprit affaibli et de leur
conscience effrayée.

« Deux choses manquent à Fléchier, a dit un des
maîtres de la critique moderne, et tout d'abord le grand
art de caractériser. Est-ce Turenne qu'il loue ? C'est
aussi bien Vauban, aussi bien Catinat... En second
lieu, la puissance de généraliser. Il est incapable de
tirer de son discours une leçon pour ses auditeurs. » Le
lecteur sait maintenant à quoi s'en tenir au sujet de
cette seconde sentence. Le Fléchier des *Oraisons funèbres* et des *Panégyriques,* comme celui des *Sermons* ne
perd jamais de vue les besoins de son auditoire. Il faut
vraiment n'avoir pas lu trois pages de lui pour mettre
en doute cette évidence. Brunetière n'est pas plus juste
quand il lui refuse ce « grand art de caractériser » qui
fait, au contraire, un des mérites essentiels soit des oraisons funèbres, soit des panégyriques de Fléchier. C'est là
même à mon avis, la principale raison de la faveur dont
il a si longtemps joui auprès des hommes de goût. Pour
l'éloquence proprement dite, on savait bien qu'il n'était
comparable ni à Bossuet, ni à Bourdaloue, mais on
estimait et, pour ma part, j'estime encore que les analyses patientes, paisibles, enveloppantes de Fléchier nous
rendent au naturel les grands personnages et les saints
qu'elles étudient. Son *Turenne* ne ressemble ni à
Vauban ni à Catinat, mais tout simplement à Turenne.

Portraitiste, à la manière de Sainte-Beuve, il s'attache à démêler ce qu'une âme a de « singulier » et il arrive par une série de touches discrètes et pénétrantes, à nous le faire saisir. Charmé et comme doucement étourdi par l'orchestration lugubre de l'oraison funèbre de Turenne, je comprends qu'on oublie les autres qualités de ce grand discours. Pour apprécier tout le mérite de Fléchier, il faut méditer des œuvres moins éclatantes, l'oraison funèbre de la Dauphine, par exemple, ou le panégyrique de saint Joseph. Saint Joseph, homme de de la providence de Dieu, mais de la providence obscure et « laborieuse ». Dieu lui donne « une providence de consolation pour la Vierge, une providence d'inclination pour Jésus-Christ, une providence de discrétion pour le secret des mystères ».

Dans le cours de la vie mortelle de Jésus-Christ, il faut un homme mortel, qui soit chargé de tous les offices du Père, qui ait pour un Dieu infirme et souffrant un amour compatissant et sensible et qui sente des affections proportionnées à ses besoins.

Le pastel de la Dauphine ne me paraît pas moins délicieux. Fléchier trouve des mots d'une précision tendre et délicate pour rappeler et pour excuser la solitude excessive et gémissante de cette princesse valétudinaire.

Une langueur qui semble d'abord plus incommode que dangereuse; des maux d'autant plus à craindre que n'étant pas assez connus, ils n'étaient peut-être pas assez plaints... des douleurs vives et longues tout ensemble : les humiliations de l'esprit jointes à celles du corps; les forces de la nature usées par le soin même qu'on prend de la soutenir...

Que tout cela est exquis, mais goûtez encore et l'audace et la mesure de cette apostrophe aux courtisans.

Je sais ce que vous pensez, Messieurs, que les princesses comme elle ne sont pas faites ordinairement pour la solitude; qu'elles se doivent au public : qu'encore qu'elles ne veuillent être qu'à Dieu, leur condition les oblige à se prêter quelquefois au monde, pour être comme les liens entre les souverains et les sujets qui les approchent; pour remplir les jours vides des courtisans et leur ôter l'ennui d'une triste et pénible oisiveté; pour calmer et suspendre par d'honnêtes et nécessaires divertissements, les passions secrètes qui les dévorent, et pour entretenir entre eux la paix et la société en les rassemblant tous les jours auprès du trône qu'ils révèrent.

Un passage analogue que j'emprunte à l'oraison funèbre de Montausier nous montre Fléchier également fidèle à la double règle qu'on lui reproche d'avoir négligée : « caractériser » son héros et tirer de ce caractère même une leçon pour l'auditoire.

On lui dit mille fois (au jeune Montausier) que la franchise n'était pas une vertu de la cour, qu'il y avait un art innocent de séparer les pensées d'avec les paroles, et que la probité pouvait souffrir les complaisances mutuelles qui, étant devenues volontaires, ne blessent presque plus la bonne foi et maintiennent la paix et la politesse du monde.

Ces conseils lui parurent lâches. Il allait porter son encens avec peine sur les autels de la fortune, et revenait chargé du poids de ses pensées qu'un silence contraint avait retenues. Ce commerce continuel de mensonges ingénieux pour se tromper, injurieux pour se nuire, officieux pour se corrompre : cette hypocrisie universelle, ces airs mystérieux qu'on se donne... tout cet esprit de dissimulation et d'imposture ne convint pas à sa vertu. Ne pouvant s'autoriser *encore* contre l'usage, il fit connaître à ses amis qu'il allait à l'armée faire sa cour par des services effectifs...

Voilà donc quelques-unes des précieuses choses que Fléchier se récitait à lui-même dans ses éternelles promenades. Nous avons perdu le sens de ces beautés graves, de cette mesure parfaite, de cet art savant et discret. Ce qui n'est pas impétueux nous semble froid et nous appelons « académique » toute parole qui ne tombe pas du Sinaï. Un autre motif, mais celui-ci beaucoup plus juste nous empêche de donner à Fléchier cette admiration presque sans réserve que pour un

mérite du même ordre nous ne disputons pas à un
La Bruyère. Trop bien écrire, composer avec trop de
perfection, pour un prédicateur c'est presque un défaut,
et lorsque d'aventure ce prédicateur n'a pas une
veritable éloquence, ce défaut paraît encore plus
saillant. Je l'entends bien de la sorte et pour ma part,
je préfère aux grands discours de Fléchier les simples
homélies qu'il adressait à ses diocésains, notamment
son homélie *sur le bon pasteur*, vraie merveille de tendresse persuasive, et son admirable mandement sur la
croix de Saint-Gervasi. N'oublions pas cependant que
le premier devoir d'un prédicateur est de se faire tout à
tous et par suite, d'être simple avec les simples, précieux
avec les précieux. Je ne vois pas un Bossuet écrire mal
ni qu'il ait négligé de polir minutieusement le style
de ses *Oraisons funèbres*, lui qui pourtant a célébré
— mais avec un art incomparable, — la barbarie
apostolique de saint Paul. Ne trouve-t-on pas naturel de
confier à Botticelli la décoration d'une église ; à Pales-
trina, la surintendance de la musique sacrée ? Cas de
conscience difficile et que saint Augustin tourne et
retourne sans arriver à le résoudre. Je ne saurais mieux
finir cet éloge de Fléchier que par ce beau passage des
Confessions :

Les charmes de l'oreille m'avaient plus puissam-
ment et dangereusement déçu (que ceux de l'odorat),
mais vous m'avez dégagé... il me semble que je leur
défère par trop en ce que votre sainte parole flatte mon
cœur d'une plus sensible dévotion y étant coulée par la
douceur de cette harmonie que si elle était simplement
prononcée et sans artifice... Les passions de notre âme
ont une secrète intelligence avec les accords de la musique... et ainsi je pèche sans y prendre garde, mais je
m'en aperçois bien après. Parfois aussi, usant de trop de
sévérité à empêcher le dérèglement qui se peut glisser de
l'oreille dans l'âme, je pèche pour vouloir être trop innocent. J'avoue que la coutume de chanter avec cette har-
monieuse inflexion de voix ne chatouille pas seulement
l'oreille, mais qu'elle profite au cœur. Voilà comment je
flotte entre le danger de l'agréable et l'expérience de
l'utile. Toutefois je penche davantage à retenir la coutume

de chanter en l'église qu'à l'y abroger, afin que l'esprit s'appuie sur le plaisir des sens, pour s'élever à la solide piété (1).

Vous voyez bien, qu'après tant d'oscillations, ce grand homme donne enfin raison à notre Fléchier.

Note biographique et bibliographique.

§ 1. La vie de Fléchier a été écrite par le chanoine Dela-croix (Paris et Nîmes, 1865). Excellent livre, un peu traî-nant, mais de beaucoup d'érudition et de goût. Mgr Favré, aujourd'hui évêque de la Réunion, a consacré à la jeunesse de Fléchier plusieurs volumes d'un grand mérite. (*Correspondance de Fléchier avec M** et M*** Deshoulières. La jeunesse de Fléchier*. Perrin, 3 vol.) Il est regrettable que le même auteur n'ait pas raconté sur le même plan la vie épiscopale de Fléchier. Voici en deux mots le *curriculum vitæ*. Esprit Fléchier, né à Pernes, dans le Comtat, le 10 juin 1632, la même année que Bourdaloue. Sa famille était des plus modestes. Il étudie à Tarascon, chez les Doctrinaires de César de Bus dont son oncle, Hercule Audiffret, prédicateur d'un certain mérite, était le supé-rieur général. Admis lui-même dans cette congrégation, à l'âge de quinze ans, il la quitta en 1659, après la mort de son oncle. Il suit à Paris les cours de la célèbre aca-démie Richesource. Très pauvre il entre comme précep-teur chez les Caumartin. Bonne école d'urbanité. Son élève est ce même Caumartin qui plus tard encouragera la *Henriade* et racontera à Voltaire nombre d'anecdotes sur le *Siècle de Louis XIV*. En 1665, le père de ce Caumartin se rend à Clermont pour les *grands jours d'Auvergne*. Flé-chier est du cortège et rédige ses fameux *Mémoires* pour le divertissement de ses protecteurs et amis parisiens. Très répandu dans la haute société précieuse, non pas comme on le dit souvent à l'hôtel de Rambouillet, mais chez M*** de Scudéry et M*** Deshoulières. Montausier qui l'estimait beaucoup lui donna la charge de lecteur du

---

(1) *Confessions*, x, 33. Je cite une vieille traduction qui me paraît bien supérieure à celle d'Arnauld.

Dauphin. L'éducation du prince finie, il devient aumônier
de la Dauphine. Le 12 janvier 1673, il prend séance à
l'Académie française en même temps que Racine. Il suc-
cédait à Godeau, le nain de Julie, et il avait prononcé,
l'année précédente, l'oraison funèbre de Julie d'Angennes.
En 1682, il prêche l'Avent de la cour. En 1685, mission
aux protestants de Bretagne. Evêque de Lavaur, la même
année, il est transféré en 1687 sur le siège de Nîmes et
dès lors se voue tout entier à l'administration de son
diocèse. Rôle important pendant les troubles du Languedoc.
Cette dernière partie de son histoire est encore à faire
n'ayant guère été étudiée que par les historiens protestants, beaucoup plus sévères aujourd'hui envers la
mémoire de Fléchier que ne le furent les premiers témoins
et les premiers acteurs de cette lamentable aventure. Il
meurt le 16 février 1710.

§ 2. La meilleure édition de ses œuvres complètes a été
donnée par le chanoine Ducreux (Nîmes, 1782). Les
Mémoires sur les grands jours d'Auvergne ont été publiés,
sur le manuscrit de Clermont, par Gonod (1844) et donnèrent lieu à un petit scandale plus que ridicule. Sainte-
Beuve rassura les esprits avec beaucoup de tact et la belle
édition des *Grands jours,* donnée par Cheruel eut un
retentissement plus pacifique (1856). (TAINE, *Essais de critique et d'histoire ;* J. J. WEISS, *Études de littérature
française ;* Ch. LABITTE, R. D. M., 15 mars 1845 et récemment, les beaux articles de M. A. Hallays qui seront,
j'espère, prochainement publiés en volume). Pour la
correspondance avec les précieuses, Taschereau a publié
les lettres de Fléchier à M'" de la Vigne (*Revue rétros-
pective,* t. I), Delacroix et surtout Mgr Favre les lettres à
M'" Deshoulières.

Les œuvres complètes peuvent se distribuer ainsi :
1· Œuvres de jeunesse, poésies latines et françaises,
divers exercices de rhétorique.
2· *Mémoires sur les grands jours d'Auvergne* et diverses
relations sur les troubles du Languedoc. Ces derniers
écrits moins connus sont néanmoins d'un grand intérêt.
3· Biographies solennelles : Théodose, Commendon, Xi-
menès.
4· Oraisons funèbres, panégyriques, un Avent et quelques
sermons.
5· Œuvres pastorales, mandements, instructions syno-
dales, discours aux chanoines de Nîmes.
6· Correspondance.

Enfin quelques écrits parmi lesquels un poème satirique
sur le quiétisme qui me semble supérieur aux *Dialogues*
de la Bruyère, d'ailleurs trop vantés. On attribue aussi à
Fléchier une amusante plaquette, rééditée de nos jours
par M. A. Chassant (Ollendorff, 1878), et qui a pour titre :
*Sermon prononcé par le révérend Père Esprit de Tinche-
bray, capucin, dans l'église des Dames religieuses de
Haute-Bruyère, le 21 juillet 1694, fête de sainte Madeleine.*

§ 3. *Études sur Fléchier.* Son éloge par d'Alembert ;
Thomas, Essai sur les Éloges. Les notices de l'édition
Ducreux, sont excellentes. Maury lui est sévère,
l'attique Maury qui trouvait aussi que Massillon manquait de goût. Bonnes études de Dussault (*Annales* et
édition des *Oraisons funèbres*), et de l'abbé Hurel
(*Les Orateurs sacrés à la cour de Louis XIV*). Enfin,
plus récemment un ouvrage entier de Mgr Fabre) *Fléchier orateur,* Perrin 1886) ; quelques très jolies pages
de M. Lanson (*Histoire de la littérature française*),
et un chapitre judicieux, un peu gêné et, à mon avis,
trop rigoureux du R. P. Longhaye (*Histoire de la
littérature française au XVIIe siècle,* t. III, 195-207).
Sur les rapports de Fléchier avec la société précieuse,
une longue étude de Brunetière (*Études critiques,* t. II).
Un érudit de marque, M. Revillout, a publié un travail
sur l'Académie Richesource (*Un maître de conférences
au milieu du XVIIe siècle, Jean de Soudier de Richesource.* Montpellier, Boehm, 1881). Pour l'étude com-
parée des *Oraisons funèbres,* cf. Lehanneur (*Mascaron
d'après des documents inédits*) et Lebarcq (*Œuvres
Oratoires de Bossuet,* t. VI, p. 292 seq.). On sait que
Fléchier prononça après Bossuet l'oraison funèbre de
Le Tellier, comme il avait prononcé, après Mascaron,
celle de Turenne. On sait aussi que dans les deux cas,
les contemporains donnèrent la palme à Fléchier. Il
y aurait beaucoup à dire sur le « prétendu triomphe »
du « rival impuissant » de Bossuet, comme parle
M. Lebarcq. Fléchier avait un tact infini et se tirait
avec honneur des difficultés les plus périlleuses.
Quant à lui reprocher, avec M. Lebarcq, de n'avoir

fait à Bossuet qu'un « maigre compliment » (Sacré
ministre de Jésus-Christ, qui, dans la chaire évangélique, avec une éloquence vive et chrétienne, avez,
avant moi, consacré la gloire immortelle, etc. etc.),
à mon avis, c'est manquer du sens de l'histoire. En
1686, Fléchier n'avait certainement rien de plus à dire.
Ainsi encore M. Lehanneur. « Il voyait sans doute en
Mascaron un rival redoutable : aussi parmi toutes les
lettres de civilité qu'il prodiguait à une foule d'orateurs
obscurs, nous ne trouvons pas un mot à l'adresse de
Mascaron. » Et voilà Fléchier jaloux pour l'éternité.

Voici enfin sur l'apparence et l'action oratoire de Fléchier trois témoignages contemporains qui suffisent à
mettre l'imagination en branle.

« Il n'avait point un extérieur à enchanter ses auditeurs ; sa mine, son geste, sa voix, sa prononciation
n'avaient rien de majestueux. Ce qui charmait son
auditoire et enlevait le succès, c'était la justesse, l'élégance, la pureté, l'arrangement de ses discours. À force
d'y rêver et de les limer, il les faisait si beaux qu'on a
encore aujourd'hui autant de plaisir à les lire qu'on en a
eu à les entendre... Il n'est point de preuve plus forte
d'une véritable beauté... que de se soutenir sur le papier.
M. Fléchier était né lent, l'esprit ne lui venait qu'en
ruminant. A le voir en particulier, on eût dit qu'il en
avait peu, tant sa conversation était plate et chétive ;
j'en ai ouï parler en ces termes à de ses meilleurs amis...
Il mettait à faire une pièce autant de temps qu'un autre
à en faire quatre : aussi en a-t-il fait peu, mais ce peu
est d'un goût exquis... (et fait) l'admiration des plus
raffinés connaisseurs... M. Fléchier, retiré dans son diocèse, s'y fit aimer et estimer autant des huguenots que
des catholiques. » *Mémoires de l'abbé Legendre* (édition Roux, p. 8 à 10).

Le Père de La Rue, cet homme de tact qui comparait
du haut de la chaire Fénelon à Abélard, a jugé bon de
faire le portrait de Fléchier dans la préface de ses propres sermons. « Le feu qui éclate dans son style et qui
en relève partout la grâce et la dignité, semble manquer
de véhémence ; et sa prononciation traînante et peu ani-

mée, favorisant par sa lenteur la fidélité de sa mémoire, donnait à l'auditeur tout le loisir de suivre aisément la délicatesse de ses pensées, et de sentir le plaisir d'en être charmé. Comme ce fut d'abord par les éloges funèbres qu'il commença à se faire distinguer, la gravité des sujets fut avantageuse à la pesanteur naturelle de sa voix et de son action. La beauté de ce qu'il disait en fit sensiblement goûter la manière et travestit en talent un défaut qu'en d'autres sujets moins tristes on aurait eu peine à supporter. C'est ce qui parut dans ses sermons de morale. Car au lieu que la véhémence et l'impétuosité devaient y régner (?), le son de sa voix qui avait quelque chose de lugubre, y répandait son froid sur le feu de ses expressions... Il eut peu de pareils dans les matières funèbres et dans la sphère du style panégyrique ; il fut moins recherché à la ville et à la cour pour l'éloquence des mœurs. » Vu par un rival, cela est deux fois bien vu. Enfin voici les mêmes critiques, mais « travesties » en éloge sous la plume de l'abbé du Jarry.

« A l'égard de la prononciation, je ne suis pas de l'avis de ceux qui croient que ce n'était pas ce qu'il y avait en lui de meilleur ; au contraire, soit prévention ou autrement, je n'en ai jamais trouvé de plus belle... Dès qu'il paraissait en chaire, son extérieur semblait se changer et se revêtir, pour ainsi dire, de la majesté et de la grandeur de son ministère... Parmi ses rares talents, il avait surtout celui de finir heureusement ses périodes. L'oreille et l'esprit, également flattés par leur chute lui attiraient souvent un murmure de longues acclamations ; de telle sorte qu'il était obligé de s'arrêter. Il n'y avait rien en lui qui sentît le déclamateur » ; le discours de l'abbé du Jarry se trouve au t. I de l'édition Ducreux.

On ne trouvera, dans ce petit recueil, aucune des oraisons funèbres de Fléchier. Il était préférable de publier des textes moins connus et d'un accès moins facile. Mais comment choisir, dans le reste de cette œuvre, les textes les plus révélateurs et les plus exquis. Le sermon sur l'ambition n'est pas moins remarquable que celui sur le scandale auquel je me suis arrêté pour donner au lecteur une idée de l'Avent de 1682. Il en va de même pour la plupart des panégyriques, et j'ai beaucoup hésité avant de choisir celui de saint Louis. Le sermon sur l'obligation de l'aumône mérite l'attention des philosophes. La pensée chrétienne sur les droits des pauvres fut rarement formulée avec moins de ménagements, avec une hardiesse plus sainte. Viennent enfin deux pièces absolument ignorées aujourd'hui, mais d'une perfection achevée. Tous ceux qui les trouveront ici me sauront un gré infini de leur avoir montré ces deux merveilles. La Lettre pastorale sur la croix de Saint-Gervais est peut-être, au dire de Ducreux, « de tous les écrits de l'éloquent prélat, sans excepter les oraisons funèbres, celui où il y a le plus d'art et, nous ajoutons, celui où l'art était le plus nécessaire ». Comme on le verra, le difficile, en cette circonstance infiniment délicate, était « de ne rien donner à la superstition et de ne rien retrancher à la piété » et de faire ce catéchisme « avec tant d'exactitude et de précautions que le catholique et le nouveau converti fussent également instruits, c'est-à-dire, également ménagés ». Quant à l'entretien familier sur le Bon Pasteur, il me semble qu'on peut le comparer hardiment aux homélies de saint Chrysostome. Après avoir lu ce touchant discours, on ne peut que répéter avec l'abbé du Jarry : « La face d'une église change lorsque Dieu lui fait de tels présents », entendez lorsque Dieu envoie à un diocèse un évêque tel que Fléchier.

Le Scandale de Jésus-Christ

Sermon pour le second dimanche de l'Avent,
prononcé devant la Reine, dans la chapelle
de Saint-Germain (1682).

*Beatus qui non fuerit scan-
dalisatus in me.*
« Heureux celui qui ne sera
point scandalisé de moi. »
MATTH., II.

Quelle espèce de terrible béatitude Jésus-Christ
annonce-t-il aujourd'hui aux hommes, ou plutôt
quelle sentence prononce-t-il aujourd'hui contre eux ?
Il est venu leur enseigner lui-même la vérité, la confirmer par la sainteté de sa vie, la soutenir par des
marques visibles de sa puissance, la persuader par la
force intérieure de sa grâce. Cependant ils ont écouté
sans respect les oracles de sa bouche sacrée ; ils ont
vu sans admiration l'éclat de ses vertus et de ses
exemples ; ils ont soupçonné sans raison la vérité de
ses miracles ; ils ont reçu ses bienfaits sans amour ni
reconnaissance ; rien n'a pu les instruire, rien n'a pu
les toucher. Tels étaient autrefois les juifs ; tels sont
aujourd'hui les chrétiens ; et c'est à bon droit que
Jésus-Christ, voyant le peu de reconnaissance des uns,
le peu de foi des autres, la présomption de ceux-ci, la
timidité de ceux-là, peut redire ces mêmes paroles :
Heureux, je ne dis pas qui m'aime ; où trouve-t-on de
la charité ? ni qui croit en moi ; il n'y a presque plus
de foi en Israël : ni qui m'écoute ; l'endurcissement est
venu jusqu'à fermer l'oreille à la vérité ; ni qui me
suit ; personne ne veut plus porter sa croix : heureux
donc celui qui ne se scandalise pas de moi ! C'est beau-

coup pour moi de n'être pas méprisé d'eux, et c'est beaucoup pour eux de ne me pas désavouer.

Mais quel zèle m'emporte, Madame ? Grâces à Jésus-Christ de qui je parle, et que j'ai fait parler ainsi, votre majesté attentive à sa parole, sensible à ses exemples, soumise à ses volontés, fidèle à sa grâce, nous fait assez voir tous les jours qu'il reste encore des âmes chrétiennes, et que le monde, tout perverti qu'il est, tient encore à Dieu par quelques-unes de ses plus nobles parties. La gloire d'une auguste naissance, l'éclat d'une brillante couronne attirent moins sur vous les yeux et la vénération des peuples que les pratiques édifiantes d'une piété constante et solide ; élevée sur le trône, et plus souvent prosternée au pied des autels, vous rendez à Jésus-Christ, que vous adorez, de grands hommages, et vous donnez aux hommes, qui vous admirent, de grands exemples. La grandeur, qui ne sert d'ordinaire qu'à entretenir le faste et à donner plus de liberté aux passions, ne vous sert que pour donner plus d'étendue à la vertu, et plus de crédit à la religion ; les jours entiers suffisent à peine à la ferveur de vos oraisons, et, toujours occupée du désir d'être humble et fidèle chrétienne, vous n'avez presque pas le temps de penser que vous êtes reine. Dans les temples sacrés, où vous demeurez plus longtemps que dans vos palais, quelles grâces n'attirez-vous pas sur vous, quelles prospérités n'attirez-vous pas tous les ans sur les armes triomphantes du roi votre époux, lorsque la gloire vous l'enlève et le conduit à ses expéditions militaires ! Ces larmes que vous versez au pied des autels, font croître ces lauriers si frais dont Dieu le couronne. Vous préparez, par vos prières, les victoires qu'il gagne par sa valeur et par sa prudence, et le ciel bénissant et vos souhaits et ses desseins au même temps, vous avez à peine achevé de former vos vœux, qu'il vous oblige à lui rendre vos actions de grâces. Ces considérations ne me font pas quitter le sujet où l'Évangile m'engage aujourd'hui, et je viens devant votre majesté, qui se loue et se glorifie de Jésus-Christ, apprendre à mes auditeurs qui sont ceux qui s'en scandalisent. J'ai besoin des puissantes intercessions de cette Vierge qui le conçut dans son sein par l'opération du Saint-Esprit, lorsqu'elle ouït ces paroles de l'ange : *Ave Maria*, etc.

Il y a trois sortes de personnes qui se scandalisent de Jésus-Christ, c'est-à-dire qui méconnaissent, qui désavouent, qui abandonnent Jésus-Christ, ou par défaut de lumière, ou par dépravation de mœurs, et se font une occasion de chute et de réprobation de ce qui devait être la cause de leur salut. Les uns s'offensent de sa foi et de sa doctrine, et la regardent ou comme fausse, ou comme incommode ; les autres s'offensent de sa mort et de sa croix, et ne veulent avoir aucune part à ses souffrances. Je veux vous faire connaître aujourd'hui qui sont ces hommes incrédules, ces hommes timides, ces hommes délicats, qui ne croient pas la vérité de Jésus-Christ et de sa parole ; qui craignent de suivre la pureté de sa religion, parce qu'elle est contraire aux règles du monde, et qui négligent sa rédemption, parce qu'il leur en coûterait quelques peines. Voilà tout le sujet de ce discours, si vous m'honorez de vos attentions.

PREMIER POINT

Les juifs ont été les premiers qui se sont scandalisés de Jésus-Christ ; du mépris de sa personne, ils sont tombés dans le mépris de sa doctrine, et ils n'ont pas voulu recevoir pour maître celui qu'ils n'étaient pas résolus de reconnaître pour le Messie. Accoutumés à des miracles éclatants, et remplis des magnifiques idées d'une grandeur extérieure, ils attendaient un libérateur, qui, par la force des armes, s'assujettît les nations étrangères, qui mît aux fers les tyrans d'Israël et les fît gémir à leur tour sous une dure servitude, et qui régnât enfin, après ces grands événements, dans la paix et dans l'abondance, comblé de gloire et de prospérités mondaines. Cette vaine espérance, dont ils étaient si prévenus, leur faisait demander à Jésus-Christ même quand le règne de Dieu viendrait ? *Quando venit regnum Dei ?* Et quoiqu'il leur eût répondu que le règne de Dieu ne viendrait point avec apparence : *Non venit regnum Dei cum observatione* ; ils cherchaient le Messie dans le Messie ; l'obscurité de sa naissance et l'humilité de sa vie était comme un voile impénétrable qui leur cachait sa sagesse et sa vérité : *Scandalisabantur in eo,* dit l'Evangile : ainsi s'accomplissait ce terrible mystère de la réprobation des juifs, dont parle saint Paul ; le plus grand de tous les moyens leur devenait le plus grand de tous les obstacles ; le Médiateur était lui-même la cause innocente de leur perte ; sa réconciliation était d'autant plus méprisée qu'elle était abondante ; et l'ignominie de sa mort achevant de les rebuter, ils aimèrent mieux renoncer au Père que de croire au Fils, et se révolter contre toutes les lumières de la loi, que de se soumettre à l'Evangile. Alors s'accomplit ce qu'avait prédit un de leurs prophètes : *Qui erit vobis in sanctificationem, et in petram scandali, et in ruinam habitantibus Jerusalem ;* que celui qui serait leur sanctification serait aussi une pierre de scandale pour eux, et une occasion de ruine à tous les habitants de Jérusalem.

La source de leur erreur fut qu'ils ne comprirent pas la différence de la loi nouvelle d'avec l'ancienne : l'une est une loi de chair, l'autre est une loi d'esprit ; dans l'ancienne, Dieu s'était fait comme roi temporel de son peuple ; il demeurait dans ses villes, il marchait à la tête de ses armées, il lui avait donné des lois politiques, il recevait de lui un tribut pour marque de sujétion et de dépendance ; en un mot, il avait pris tous les droits, et s'était chargé de tous les soins visibles de la royauté. Mais le royaume de la loi nouvelle est un gouvernement de religion, non de politique : les ordonnances en sont toutes saintes ; les armes, spirituelles ; les victoires, intérieures ; les récompenses, célestes ; les châtiments, invisibles et éternels. Ainsi cette nation orgueilleuse, s'arrêtant à une bassesse extérieure, et ne pénétrant pas dans la grandeur cachée de Jésus-Christ, n'a pas été capable de le connaître, et a persévéré dans son erreur et dans son incrédulité.

Si j'avais à instruire ceux-ci, je leur dirais qu'il faut distinguer la vérité d'avec les figures ; qu'il y a un ordre de grandeur que les yeux charnels n'aperçoivent

pas ; que les mêmes prophètes qui représentaient le
Messie comme le maître et le juge des nations, le représentaient aussi comme pauvre et méprisable aux yeux
des hommes, contrariétés que Jésus-Christ a accordées
en sa personne : que la perfection de la nouvelle alliance
demandait que Dieu formât un peuple saint, et non pas
puissant ; qu'il le comblât des biens de la grâce et de la
gloire, et non pas de ceux de la nature et de la fortune,
et le délivrât, non plus de la captivité de Babylone, mais
de la servitude du péché, qui est son plus dangereux
et plus cruel ennemi. Mais laissons là ces incrédules :
comme ils se sont scandalisés de Jésus-Christ, ils sont
devenus, par un juste jugement de Dieu, le scandale
de tous les peuples, et le seront jusqu'à ce que Dieu,
sur la fin des temps, selon les promesses de l'Écriture,
rassemble les débris d'Israël, et sauve les restes épars
d'une malheureuse nation qu'il avait autrefois aimée.

Les impies et les libertins ne s'offensent pas moins de
Jésus-Christ et de sa doctrine : je parle de ces hommes
sans foi et sans discipline, dont un apôtre dit qu'ils ne
croient point en Jésus-Christ, et qui regardent Dieu
comme menteur. Ils ne veulent ni lois qui les retiennent, ni juge qui les condamne, ni vérité qui les
convainque, ni remords qui les inquiète. S'ils ont de
l'esprit, ce n'est que pour donner aux choses, même les
plus saintes, un tour ridicule. Ils ne reconnaissent de
Providence que lorsqu'ils en murmurent dans leur
adversités ; ils ne parlent de Dieu que lorsqu'ils le
blasphèment dans leur colère : dites-leur que vous
croyez ce que croit l'Église ; ils s'imaginent que c'est
ou par simplicité, ou par bienséance : prouvez-leur la
religion, ils attribuent ce qu'il y a de fort à votre raison
et à votre esprit ; ce qu'il y a de faible, ils l'imputent à
la cause que vous soutenez : s'ils remarquent quelque
impureté dans les pratiques du christianisme, ils se font,
du relâchement qu'ils voient dans la discipline, un sujet
de douter de sa doctrine. Tantôt ils pensent qu'on ne
croit pas ce qu'on enseigne quand on ne fait pas ce
qu'on dit ; tantôt qu'on est bien aise d'enseigner aux
autres ce qu'on est résolu de ne pas faire soi-même, et

toujours Jésus-Christ est méprisé et sa religion offensée.

Vous croyez peut-être qu'ils allèguent de fortes raisons ? Quelle raison peut-il y avoir contre Jésus-Christ et contre sa foi ? Tout leur savoir ne consiste qu'à donner de mauvais noms à de bonnes choses. Ils croient être plaisants et habiles quand ils ont appelé la foi, crédulité ; les lois de Dieu, politique humaine ; l'humilité, bassesse ; la patience, lâcheté ; la révélation, artifice ; la mortification, mélancolie. Y a-t-il rien de si faible ? Cependant, on se sait bon gré d'avoir dit de pareilles choses. On est applaudi dans les compagnies ; ceux mêmes qui ont encore de la foi et de la religion dans le cœur se contrefont, et croient que pour avoir l'air du monde il faut paraître aussi profanes que d'autres. Cela s'appelle être habile et savoir à propos secouer le joug. Dussé-je me tromper, messieurs, je dois ce respect à mes auditeurs, de croire qu'il n'y en a point de ce caractère : que ne puis-je même supposer qu'il ne s'en trouve ni dans les cours des rois ni dans leurs armées ?

Si j'avais à les convaincre, je leur dirais avec saint Augustin : Ames extravagantes non moins qu'incrédules, croyez-vous nous avoir bien réjouis, quand vous avez dit que notre âme n'est que du vent et de la fumée ? Ce serait un malheur qu'il faudrait pleurer durant tout le cours de la vie. Pourquoi préférez-vous votre propre sens à l'autorité de Dieu même ? pourquoi mettez-vous au hasard ce qui vous est d'une si grande conséquence, je veux dire votre salut ? Il viendra ce temps fatal où le charme étant dissipé, vous verrez les portes de l'éternité malheureuse qui vous attend. Peut-être alors connaissant, mais trop tard, le véritable état de l'avenir et du passé, vous demanderez vainement cette foi que vous avez éteinte, ces sacrements que vous avez méprisés, cette grâce dont vous vous êtes rendus indignes : peut-être, remplis des funestes idées de votre incrédulité, vous en serez touchés, mais vous n'en serez pas convertis ; peut-être prendrez-vous entre vos mains ce Jésus crucifié, qui vous a si longtemps servi de scandale. Endurcissez-vous tant qu'il vous plaira, formez-vous un cœur de fer et d'airain, ce cœur s'amollira malgré vous, et vous reprochera le mépris que vous aurez fait de la religion lorsque vous ne serez plus en état de la pratiquer.

Mais j'interromps ce discours. Il faut pour eux une voix plus forte que celle de l'exhortation, Dieu dont la grâce peut les éclairer. Puisse-t-il prendre soin de les convertir ! Puissent-ils eux-mêmes connaître le malheur d'un homme qui n'a point de part au royaume de Jésus-Christ ! Puissent-ils se persuader cette vérité, que c'est une folie de ne point penser à sa fin dernière ; qu'il n'y a entre eux et l'enfer qu'un petit espace de vie ; et qu'il n'y a que deux sortes de personnes en ce monde qui puissent être raisonnables : ou ceux qui servent Dieu de tout leur cœur parce qu'ils le connaissent, ou ceux qui le cherchent de tout leur cœur parce qu'ils ne le connaissent pas encore. Je passe à une autre sorte d'esprits qui ne sont pas si corrompus, mais qui ne laissent pas d'être égarés.

Ici, messieurs, je l'avoue, je parle de vous, de moi et de presque tous les chrétiens qui, faisant profession de connaître Jésus-Christ, le renoncent pourtant par leurs œuvres : les uns négligent tous leurs devoirs, les autres les réduisent à quelques pratiques extérieures, et tous presque attachés aux biens de la terre, et dégoûtés de la piété, se contentent d'une foi morte et d'une religion vaine, comme parle l'Ecriture, et ne croient pas au Fils de Dieu.

Il y a deux sortes d'infidélités à l'égard de Jésus-Christ ; l'une est un aveuglement entier, et une infidélité absolue. Telle fut celle des païens et des juifs, dont les uns, ne pouvant accommoder ni l'état ni la doctrine de Jésus-Christ aux principes de leur superbe sagesse, prirent le mystère de l'Incarnation pour une folie ; les autres, ne trouvant pas en lui de quoi satisfaire cet esprit de domination et de gloire qu'ils affectaient sur toutes les nations de la terre, le regardèrent avec mépris et s'en firent un sujet de scandale, rejetant et sa personne et son Évangile ; ce que saint Paul nous enseigne en sa première aux Corinthiens : *Judæi signa petunt, et Græci sapientiam quærunt ; nos autem præ-*

dicamus Christum crucifixum, Judæis quidem scandalum, gentibus autem stultitiam. Les juifs demandent des miracles, les Grecs cherchent de la sagesse : pour nous, nous prêchons Jésus-Christ crucifié, et nous regardons comme la sagesse et la force de Dieu, celui dont ils se moquent ou se scandalisent. Telle était encore l'infidélité de ces hérétiques qui niaient la divinité de Jésus-Christ, détruisant par cette erreur et la grandeur de sa charité, et le mérite de sa rédemption, et la force de ses exemples, et l'autorité de sa doctrine : ce qui fait que saint Jean a commencé et son évangile et ses épîtres par l'existence éternelle du Verbe dans le sein de Dieu, avant que de parler de sa naissance temporelle parmi les hommes.

Mais il y a une seconde espèce d'infidélité qui règne au milieu même du christianisme ; qui n'est pas opposée aux mystères, mais aux préceptes de Jésus-Christ ; qui ne refuse pas de faire profession publique de sa foi, mais qui ne saurait s'assujettir à sa loi ni à sa doctrine ; qui aime la vérité qui éclaire, et ne la peut souffrir dès qu'elle incommode dans la pratique. L'apôtre nous apprend que ce n'est pas connaître Jésus-Christ, et que c'est se tromper dans sa foi : *Qui dicit se nosse eum, et mandata ejus non custodit, mendax est, et veritas in eo non est.* Tels sont aujourd'hui la plupart des chrétiens opiniâtrément attachés aux maximes du monde, et endurcis contre la vérité de l'Evangile ; peu s'en faut qu'ils ne rougissent d'être disciples de Jésus-Christ : ils se flattent dans leurs péchés et s'en font une si forte habitude, qu'ils n'en ont plus aucune honte ; ils ne s'occupent dans leur vie qu'à chercher les commodités du corps aux dépens de l'âme, et à donner à leurs sens tout ce qu'ils désirent ; ils regardent les honneurs et les richesses comme leur souverain bien, qu'ils sont résolus d'acquérir par les bonnes voies ou par les mauvaises ; ils se reposent dans la vaine jouissance des objets qui passent, et ils ne songent pas à l'éternité ; ils préfèrent les contes ridicules et les faussetés criminelles du siècle à la parole de Dieu, qu'ils ne se soucient ni d'écouter ni de lire ; et ne sont chrétiens que

parce qu'ils se trouvent au nombre de ceux qui le sont,
qu'ils sont nés de parents qui l'étaient, et qu'ils ont gardé l'innocence de leur baptême durant un intervalle de
temps où ils n'étaient pas encore capables de la profaner.

Ce qu'il y a de plus déplorable, c'est qu'en vain on
les ramène aux principes de la religion ; les préceptes
de Jésus-Christ les scandalisent ; et ils disent comme
ces lâches disciples qui l'abandonnèrent autrefois après
lui avoir ouï dire qu'ils devaient manger son corps et
boire son sang s'ils voulaient avoir la vie : *Durus est
hic sermo, et quis potest eum audire ?* Cette doctrine
est bien dure ; et qui pourrait l'écouter ? Examinons en
détail les dispositions ordinaires de ces chrétiens dont
je parle. Dites à l'un : Vous menez une vie molle et
sensuelle ; divertissement sur divertissement, joie sur
joie ; souvenez-vous que, pour être disciples de Jésus-
Christ, il faut porter sa croix et le suivre. Ce langage
lui paraîtra dur ; il vous répondra qu'il faut vivre dans
le monde comme dans le monde, et vous renverra prê-
cher la croix dans les monastères. Dites à l'autre :
Vous vous ruinez en folles dépenses ; retranchez une
partie de ce luxe, de cette table, de ce train, de ces
équipages pour payer vos créanciers, pour assister les
pauvres qui meurent de faim : Jésus-Christ vous défend
d'être injuste, et vous commande expressément de faire
des aumônes de tout ce qui vous est superflu : *Quod
superest date eleemosynam :* il se moquera de ces préceptes : il croira pouvoir abuser de son bien, pourvu
qu'il ne vole pas celui d'autrui ; il se fera un nécessaire
de condition, ou pour mieux dire d'orgueil, auquel tous
ses revenus ne suffiront pas ; il remettra à ses héritiers
le soin de payer ce qu'il doit, du débris de ses terres et
de ses charges, et ni la charité ni la justice ne lui arra-
cheront pas un sou de ces fonds immenses qu'il aura
destinés à sa vanité ou à ses débauches. Proposez à
celui-ci de purifier son bien de tout ce qui pourrait être
acquis d'une manière illicite, il trouvera la proposition
austère et rebutante : quel embarras de savoir à qui,
comment et combien il a volé ! quelle peine de rabattre
d'un air de grandeur qu'on a pris sur le pied de ses

richesses! Il inventera des raisons pour éluder la restitution ; et, résolu de ne se dépouiller de rien tant qu'il
pourra le retenir, il jouira de tout, et laissera l'affaire
à démêler après sa mort aux exécuteurs de son testament. Parlez à celui-là de pardonner, et redites-lui ces
paroles de Jésus-Christ : Aimez vos ennemis, faites du
bien à ceux qui vous haïssent : il vous répondra que
c'est un conseil de perfection et non pas un précepte de
nécessité ; qu'il n'est pas maître de son cœur ; qu'il est
le malheureux et l'offensé : sur ces raisons, il donnera
toute liberté à sa haine et à sa vengeance ; lors même
qu'il protestera qu'il ne veut point de mal à son frère,
il lui en fera ou lui en souhaitera pour le moins, et
l'accablera même s'il peut, en disant toujours que
chrétiennement il lui pardonne.

Quel serait leur étonnement si on leur enseignait
qu'il faut toujours prier, renoncer à toutes choses, haïr
son âme, entrer par la porte étroite, et être parfaits
comme le Père céleste l'est ! Ils crieraient avec plus de
force : *Durus est hic sermo* : cela est rude, cela est
impraticable. Je pourrais leur répondre comme saint
Augustin : *Durus est, sed duris; incredibilis est, sed
incredulis :* ces paroles sont dures, mais c'est aux personnes endurcies ; elles sont incroyables, mais c'est
aux personnes incrédules, qui se scandalisent de la
doctrine de Jésus-Christ. Passons à ces esprits timides
qui s'offensent de la religion et n'osent la pratiquer
hautement, par cette raison : que dirait le monde ?

DEUXIÈME POINT

Une des plus grandes marques de la malignité des
hommes qui vivent selon l'esprit du monde, c'est de ne
pouvoir souffrir ceux qui veulent vivre selon l'esprit de
Jésus-Christ. La vertu est si noble et si estimable par
elle-même, qu'ils devraient au moins avoir la justice de
l'honorer en autrui, s'ils n'ont pas la force de la pratiquer eux-mêmes : cependant, au lieu d'en connaître
l'excellence, d'en imiter la perfection, d'en aimer la
bonté et d'en favoriser les progrès, ils tâchent de
l'affaiblir par leurs persuasions, de la corrompre par

leurs exemples, de la troubler par la haine qu'ils lui
portent, et de l'arrêter par les persécutions qu'ils lui
font. Le roi prophète avait éprouvé ces contradictions
dans le cours de sa pénitence, et s'en plaignait à Dieu
même : *Qui inquirebant mala mihi locuti sunt vani-
tates, et dolos totâ die meditabantur* : ceux qui recher-
chaient ma vie passée et donnaient de mauvaises
interprétations à mes humiliations présentes, disaient
de moi mille choses vaines, et me tendaient tous les
jours des pièges : *Et qui retribuunt mala pro bonis
detrahebant mihi, quoniam sequebar bonitatem* : ceux
même à qui j'avais fait du bien me déchiraient par les
traits piquants de leurs langues envenimées, parce que
j'entrais dans les voies du Seigneur, et que je com-
mençais à devenir homme de bien. Quand le prophète
ne l'aurait pas dit, saint Paul nous l'aurait appris
lorsque écrivant à Timothée il déclare que tous ceux
qui veulent vivre dans la piété, conformément aux
règles de Jésus-Christ, seront exposés à l'aigreur et à
l'injustice du monde : *Omnes qui pie volunt vivere in
Christo Jesu persecutionem patientur* : et quand saint
Paul ne nous aurait pas appris cette vérité, Jésus-
Christ lui-même n'a-t-il pas établi, comme un principe
de sa religion, cette opposition formelle du monde et
de lui, de son esprit et de sa sagesse avec l'esprit du
siècle et la prudence de la chair ?

Vous entendez, messieurs, que je ne parle point ici
d'une persécution violente ni d'une opposition tyran-
nique à la foi et à la religion de Jésus-Christ. A Dieu
ne plaise : nous vivons sous des rois sous qui il est
non-seulement libre, mais encore nécessaire d'être
chrétien ; qui mettent avec respect, ou leur couronne
au pied de la croix, ou la croix au-dessus de leur couronne ; et qui, donnant eux-mêmes l'exemple d'un
culte sincère et religieux, protègent la religion quand
on l'opprime, et punissent l'impiété quand elle déborde.
Je parle d'une persécution moins cruelle en apparence,
mais qui n'est pas moins efficace, que le monde fait
tous les jours à ceux qui commencent à se convertir à
Dieu. Qu'un homme, après de longues réflexions sur

sa vie passée, vienne à s'éloigner du jeu, des compagnies, des emplois mêmes où il sait par sa propre
expérience qu'il expose son salut ; qu'il distribue ses
biens aux pauvres, et qu'il assiste plus souvent et avec
plus d'attention aux sacrés mystères ; qu'une dame,
encore à la fleur de son âge, renonce au luxe et à la
vanité, et se réduise aux règles de la modestie chrétienne ; qu'elle visite les hôpitaux et les églises : on
cherche les raisons de ce changement, et l'on prend
toujours les moins charitables ; on donne, autant qu'on
peut, un tour ridicule à ces conversions, et on les
décrie, les faisant passer, ou pour des apparences
trompeuses, ou pour des excès blâmables, ou pour des
contraintes intéressées, ou pour des singularités
bizarres. Combien d'actions de piété sont demeurées
sans effet dans l'esprit de ceux qui les avaient résolues !
combien de pénitences naissantes ont été étouffées !
combien d'âmes ont été comme arrachées à Jésus-
Christ par ces dégoûts qu'on leur a donnés ! Peut-être,
messieurs, n'y faites-vous pas réflexion ; mais rien
n'est si indigne d'un chrétien que ces reproches inhumains et ces railleries piquantes qui tombent sur des
conversions encore mal assurées, à peu près comme
ces froids et ces gelées hors de saison, qui surprennent
des fruits encore tendres et naissants, et leur ôtent
toute espérance d'accroissement et de maturité. Dieu
vous demandera compte du sang de vos frères si vous
les détournez d'aller à lui : vous vous êtes scandalisés
de Jésus-Christ, et Jésus-Christ se scandalisera de vous.

Si la malignité de ceux-là est grande, combien est
déraisonnable la faiblesse de ceux qui, sur la crainte
des bruits et des jugements frivoles des hommes, abandonnent ou n'osent accomplir les desseins qu'ils auraient
de servir Dieu ! Je veux par des considérations convain-
cantes vous désabuser, si je puis, de cette fausse pudeur
qui, comme ce dragon dont il est parlé dans l'Apocalypse, est toujours prêt à devorer les enfants de lumière
aussitôt qu'ils commencent à paraître.

Je dis donc qu'il n'y a rien de si contraire à l'esprit
du christianisme que de se conduire par les opinions et

les jugements des hommes du monde. Saint Paul déclare qu'il ne les compte pour rien : *Mihi enim pro minimo est ut a vobis judicer*, et les regarde comme entièrement opposés à l'esprit de Dieu, croyant qu'il est incompatible d'être serviteur de Jésus-Christ et de plaire aux hommes : *Si hominibus placerem, Christi servus non essem.* La raison, c'est que chacun juge selon ses affections, et que les pécheurs, ayant le cœur rempli des funestes ardeurs de leurs convoitises, raisonnent conformément à leurs passions et non pas selon les règles de la justice ; outre que, se trouvant engagés dans la foule et dans le tumulte du monde, et suivant la coutume plutôt que la vérité, ils estiment ou méprisent les choses par l'impression que fait sur eux l'usage et la prévention, et non pas par les lumières surnaturelles et les raisons supérieures de la foi. Ce n'est donc pas aux discours ni aux opinions des hommes qu'il faut s'arrêter. S'ils approuvent votre conversion, louez-en Dieu, non pour le plaisir qu'ils vous font de vous approuver, mais pour la grâce qu'il leur fait de juger sainement de sa religion : s'ils l'improuvent, louez-le encore, puisque c'est déjà une grande marque que votre vie est chrétienne, de ce qu'elle ne plaît pas au monde, suivant ces paroles de l'Evangile : *Si de mundo essetis, mundus, quod suum est, diligeret.*

Mais si vous abandonnez vos devoirs, ou si vous aimez mieux mourir dans vos dérèglements que de faire parler le public par un changement de conduite, que peut-on penser de vous, sinon que vous n'avez ni foi ni raison, puisque vous avez plus d'égards à votre repos qu'à votre salut, et que vous aimez mieux être condamné de Dieu que d'être blâmé des hommes ? Combien de chrétiens se trouvent dans ce malheureux état, appelés par la grâce, retenus par la honte, poussés par les remords de leur conscience, effrayés par le bruit que font les pécheurs, voulant toujours être bons, et n'osant jamais déplaire aux méchants ! L'homme du siècle, réduit à ces deux extrémités, pense en lui-même : Que dira-t-on si je fais pénitence ? et quelle excuse ai-je pour ne la point faire ? que dirai-je à Dieu si je ne me réfugie dans quelque retraite? que diront mes amis si je les quitte? que dira le monde si je ne me venge? que dira Dieu si je ne pardonne? Ils délibèrent, comme si le parti était égal, et plus souvent sans délibérer, ils se déterminent à continuer de vivre dans leurs désordres, de peur de s'attirer des reproches; récusant ainsi leur juge invisible, qui peut les sauver ou les perdre pour l'éternité, pour des juges visibles dont ils ne peuvent attendre que de vaines louanges, ou des railleries encore plus vaines. N'est-ce pas renverser tous les droits, et, par une profanation sacrilège, mettre Dieu à la place des hommes, et les hommes à la place de Dieu?

La cause de cette perversité vient du pouvoir que s'est acquis la coutume et l'usage sur l'esprit des hommes, et du peu de violence qu'ils se font pour se dépouiller des préjugés dont ils sont imbus dès leur enfance. On se trouve pressé de la foule, et comme accablé du nombre de ceux qui se trompent. On croit faire injure à tant de gens, de vouloir être plus sage qu'eux. On sait ce que l'écriture remarque, que la seule vue d'un homme de bien est insupportable aux impies, parce que sa vie ne ressemble pas à la leur, et que leurs actions sont différentes. De là on conclut qu'il ne faut pas sortir de la voie large, quoiqu'elle mène à la mort, et qu'il y aurait de l'orgueil à ne point faire ce que font les autres. Malheur à toi, torrent de la mauvaise coutume des hommes! disait autrefois saint Augustin; qui te pourra résister? jusques à quand auras-tu la liberté de ton cours? quand sera-ce que tes eaux seront taries? jusques à quand entraîneras-tu les enfants d'Adam dans cette mer vaste et effroyable du monde, que ceux mêmes qui se jettent dans les vaisseaux les plus assurés et les mieux conduits ne sauraient passer qu'avec peine et avec danger?

C'est donc une erreur, messieurs, ou pour mieux dire, la source de plusieurs erreurs, de s'abandonner à ce que fait, ou à ce que pense la multitude. Il faut vivre dites-vous, comme vivent tant d'autres; pourquoi non pas plutôt comme prescrit l'Evangile? pourquoi selon la coutume, et non pas selon la vérité? quelle prescription peut-il y avoir contre la loi de Jésus-Christ ? Mais quels autres m'alléguez-vous ? des gens chancelants dans leur foi, déréglés dans leurs mœurs, injustes dans leurs opinions, qui sont occupés du présent, et ne font nulle réflexion sur l'avenir ; qui préfèrent à la vie éternelle des voluptés passagères, et qui se soutiennent par le nombre, par le crédit et par la hardiesse, non pas par la raison, par la sagesse ou par la vertu. Dans les temps bienheureux où tous les disciples de Jésus-Christ n'avaient en lui qu'un cœur et qu'une âme, où c'était une singularité surprenante de voir un chrétien avare, superbe ou ambitieux, et où l'on ne parlait que de pauvreté, d'abstinence, de martyre ; il était raisonnable de se conduire et de se régler sur les autres. Mais aujourd'hui qu'il ne reste presque plus de ferveur ni de piété, qu'on ne voit partout que froideur, qu'infidélité, que passions, et que c'est une chose singulière, dont on s'effraie, que de voir un chrétien qui veut vivre un peu chrétiennement, il s'agit de suivre les commandemens et les exemples de Jésus-Christ, et de mépriser la conduite et les jugements d'une multitude aveugle qui ne travaille qu'à nous empêcher de faire le bien.

Mais je veux, messieurs, que vous songiez à plaire aux hommes. Réglez-vous sur leurs jugements, puisque vous en faites tant de cas, et ne négligez pas une réputation qui vous est si chère. Ne craignez pas que je veuille accommoder ici Dieu avec le monde, et l'orgueil avec la religion. S'il semble que j'accorde quelque chose à la faiblesse, c'est pour lui inspirer plus de perfection, et mon dessein est de convaincre votre esprit, et non pas de flatter la vanité de qui que ce soit. Je dis donc que le moyen d'acquérir l'estime du monde, c'est de la mépriser ; c'est de persévérer dans la piété malgré ses accusations, ses reproches et ses railleries. Que votre conversion soit ferme et constante, que votre vie soit réglée et uniforme, et je vous réponds que ceux-là même qui vous blâmaient lorsque votre changement leur était suspect, vous loueront quand votre persévérance les aura convaincus de la sincérité et de la fidélité de votre dévotion. Telle est la force de la vertu : elle imprime du respect dans le cœur même de ses ennemis, lorsqu'on la reconnaît pour véritable. Si l'on s'en moque, ce n'est que lorsqu'on s'en défie ; mais elle devient vénérable dès qu'elle est éprouvée ; semblable au soleil, dès qu'elle est arrivée à un certain point de lumière et d'ardeur, il n'y a point de ténèbres qu'elle n'éclaire, point de nuages qu'elle ne dissipe, point d'yeux et de cœurs qu'elle n'attire. L'expérience le fait voir tous les jours : un homme qui se convertit avec quelque éclat, trouve des oppositions de la part des pécheurs lorsqu'il se met à faire des bonnes œuvres ; mais s'il surmonte leur résistance par sa fermeté et par son courage, ceux qui n'auront pu le corrompre seront forcés de l'admirer ; et comme ils disaient auparavant, c'est le dépit, c'est le caprice, c'est le chagrin, et la nécessité de ses affaires, qui l'a réduit à être dévot ; l'est-il de bonne foi ? le sera-t-il longtemps ? ils sont contraints de dire en voyant sa persévérance : c'est vraiment un homme de bien, c'est un saint ; heureux sont ceux à qui Dieu fait de pareilles grâces.

Mais quand les contradictions devraient durer toute la vie, faut-il rougir ou se scandaliser de Jésus-Christ ? Saint Paul, écrivant aux Romains, proteste qu'il est prêt à leur annoncer la religion de Jésus-Christ, et qu'il ne rougit point de son Évangile : *Non enim erubesco Evangelium*. Il parlait, dit saint Chrysostome, à un peuple orgueilleux, qui n'estimait que le faste et les grandeurs, et qui égalait ses princes aux dieux, leur donnant même des temples, des autels et des sacrifices. Il préchait Jésus-Christ crucifié, en qui on n'avait rien vu d'éclatant selon le monde, et qui de plus était mort comme un criminel. Cependant rien n'étonne cette âme héroïque ; la terre, la mer, les embûches, les trahisons, rien ne l'arrête, il annonce un Dieu humble dans la capitale du monde, dans la cour d'un empereur superbe et cruel. Pour nous, nous n'osons pratiquer quelques vertus chrétiennes devant les chrétiens, ni donner aucun témoignage public de notre foi devant ceux même qui la professent comme nous. Que devons-nous donc espérer, sinon que Jésus-Christ exécutera sur nous cette terrible menace qu'il a faite, qu'il renoncera devant son Père qui est au ciel quiconque l'aura renoncé devant les hommes : *Qui autem negaverit me coram hominibus, negabo et egoeumcoram Patre meo qui in cœlis est.*

Lorsqu'au temps des Dioclétien et des Néron, un chrétien, traîné devant leurs tribunaux, allait répondre de sa foi et que, voyant autour de lui, d'un côté un tyran furieux et des bourreaux inhumains, l'un prêt à prononcer, les autres prêts à exécuter la sentence, de l'autre des lames luisantes et des fers brûlants, des ruisseaux de sang qui coulaient encore et un tas de corps déchirés pour la même cause, il consultait son cœur et sa foi. Si le terrible appareil du supplice et l'affreuse image de la mort ébranlaient son courage, si sa main tremblante laissait tomber presque malgré lui quelques grains de profane encens au pied d'une idole, le cœur eût-il désavoué le crime en même temps que sa main le faisait, eût-il gardé dans sa conscience la fidélité que la faiblesse de la nature et la crainte des tourments lui avait fait perdre au dehors, l'Église le regardait avec horreur, et lorsqu'il demandait grâce, elle le renvoyait au tyran pour donner des preuves de son repentir, et pour laver de tout son sang la lâcheté qu'il avait commise. Que mériteraient donc ceux qui, n'ayant à craindre qu'une parole ou un mépris, étouffent tous les bons desseins qu'ils ont eus, et n'osent faire profession publique de l'humilité ou de la patience de Jésus-Christ ? Quelle injustice ! On sert le monde effrontément sans se soucier des jugements de Dieu. Veut-on servir Dieu, on craint jusqu'aux moindres raisonnements des hommes. Pour satisfaire ses passions on hasarde sa réputation et son salut même. S'agit-il de satisfaire Dieu qu'on a offensé, on est retenu par une fausse pudeur et par de lâches timidités.

O vous qui, touchés de douleur de votre vie passée, commencez à recourir à Jésus-Christ, imitez, dit saint Augustin, cet aveugle de l'Evangile ? Il demandait hautement sa guérison : le peuple avait beau le gronder et le faire taire, il criait encore davantage : *Ipse verò*

*multò magis clamabat : Jesu, Fili David, miserere
mei !* pour vous apprendre qu'il faut redoubler votre
courage à mesure que la contradiction s'augmente.
Continuez de dire au Fils de Dieu : Ayez pitié de moi !
Dites-vous à vous-même : Vaut-il mieux déplaire à Dieu
ou aux hommes ? Dites au monde qui vous insulte :
Que trouvez-vous qui vous offense en ma conversion ?
Lorsque je vivais sans aucun sentiment de Dieu et que
je n'étais chrétien que de nom, personne ne se plaignait
des déréglements de ma vie ; dès qu'il me fait la grâce
de me convertir et que je tâche de réparer les injures
que je lui ai faites, on me trouve extravagant et
insupportable ! Pourquoi ne m'accusait-t-on point alors,
pourquoi m'accuse-t-on maintenant ? Etais-je innocent
lorsque j'étais si criminel ? Suis-je devenu coupable
lorsque je veux cesser de l'être ? Mes péchés étaient
grands, et personne ne prenait soin de me corriger et
de me reprendre. Ma pénitence est si petite, et on la
trouve excessive : on se scandalise de l'une, et l'on ne
se scandalisait pas des autres ; on a ouï mes médi-
sances, on a vu mon ambition, on a connu mon avarice,
et le monde n'en a rien dit ; je fais des prières, des
retraites, des aumônes, et le monde s'en offense. C'est
ainsi, messieurs, qu'on se fortifie contre les murmures
du siècle ; c'est ainsi qu'on se tire du nombre de ces
lâches chrétiens qui se scandalisent de la religion de
Jésus-Christ : il reste à combattre ceux qui se scandalisent de sa croix et de ses souffrances ; encore un
mot de cette troisième partie.

TROISIÈME POINT

Rien n'a tant éloigné les juifs de la foi et de la
confiance qu'ils devaient avoir en Jésus-Christ, que
l'ignominie de sa croix et de ses souffrances : ils n'ont
pu se persuader que celui qu'ils avaient crucifié fût
l'auteur de la vie, et ils ont dit au pied de la croix en
lui insultant : s'il est le roi d'Israël, qu'il descende présentement de la croix, et nous croirons en lui : il met
sa confiance en Dieu ; si donc Dieu l'aime, qu'il le déli-
vre, puisqu'il a dit : Je suis le Fils de Dieu. En quoi ils

se trompaient grossièrement, dit Tertullien ; ils devaient croire tout le contraire. S'il est Dieu, disaient-ils, il se défendra ; et au contraire, c'est parce qu'il est Dieu qu'il ne se défend point, et qu'il ne veut pas se défendre. Celui qui a bien voulu se cacher pour notre salut, sous la forme de l'homme, n'a rien voulu prendre de l'impatience de l'homme : il est outragé, déchiré de coups, percé d'épines, il meurt sur la croix, et il souffre tout dans le silence ; c'est à cela même qu'il était aisé de le reconnaître. L'orgueil de l'homme était incapable de cette douceur, et il fallait être Dieu pour souffrir avec tant d'humilité et de patience : ce raisonnement est convaincant.

Grâces à la miséricorde du Seigneur, nous rendons à sa croix l'honneur que nous lui devons ; nous nous glorifions en elle comme l'apôtre, parce que c'est l'instrument de notre salut et de notre bonheur éternel : nous la regardons comme ce trône dont il est parlé dans l'Apocalypse, où Jésus-Christ s'étant assis a fait toutes choses nouvelles ; mettant la vérité à la place des figures, et faisant surabonder la grâce où le péché avait abondé. Nous reconnaissons que les humiliations et les souffrances du Fils de Dieu ont été des marques précieuses de sa charité pour les hommes, et, voyant au travers de son anéantissement des rayons d'une grandeur et d'une sagesse infinie, nous adorons les mystères de sa passion parce qu'elle nous a été utile, et qu'elle nous était nécessaire.

Mais ceux-là même qui s'en glorifient en Jésus-Christ s'en scandalisent en eux-mêmes, menant une vie molle et sensuelle ; s'en scandalisent dans les gens de bien, les regardant comme maudits de Dieu et plongés dans une tristesse continuelle, sans repos et sans consolation en ce monde, et tout au plus comme des malheureux volontaires qui par mélancolie s'interdisent les plaisirs présents pour des espérances de l'avenir, et gémissant sous le joug pesant de la loi et de la crainte de Dieu, traînent leur croix en tristesse, et tout au plus en patience, ennemis de leur propre joie et de celle d'autrui, esclaves de Jésus-Christ crucifié, et souvent homicides d'eux-mêmes par des austérités excessives. Voilà, messieurs, l'idée que se forment les hommes délicats et sensuels de ceux qui vivent chrétiennement ; cette vie leur fait horreur, et ils se croient heureux d'être dans les prospérités et dans les délices du siècle.

Que n'ai-je le temps de désabuser ceux qui pourraient être ici dans cette erreur ! Je leur dirais, avec toute l'autorité que donne la parole de Dieu, ce que disait autrefois un prophète élevé dans la cour du roi de Juda : *Non est gaudere impiis, dicit Dominus :* Il n'y a point de véritable joie pour les impies. Qu'ils donnent toute l'étendue qu'ils voudront à leurs passions, qu'ils se mettent, s'ils peuvent, au-dessus des lois, qu'ils n'aient pour toute justice et toute raison que leur volonté et leur libertinage, qu'ils se fassent une étude et un art de la volupté, et qu'ils ne refusent rien à leurs sens ; c'est Dieu qui le dit, non pas moi, ils ne peuvent être contents, et s'ils le sont, il n'y a pas de plus grand malheur que de ne connaître pas qu'on est malheureux, et de ne savoir pas qu'une fausse félicité est une véritable misère. L'apôtre nous apprend au contraire que les justes paraissent tristes ; mais qu'ils ont dans le cœur une paix solide et une joie continuelle, qui est inséparable de la justice : *Quasi tristes, semper autem gaudentes.* La pénitence, la retraite, les oraisons, les jeûnes, la mortification, le recueillement, la pauvreté volontaire, toutes ces vertus et ces exercices de la piété chrétienne ne leur ôtent pas cette modestie et cette attention qui paraît tristesse, mais ils ressentent dans leur âme une joie intérieure et secrète dont ils ne voudraient pas perdre un seul jour pour un siècle de félicité sensuelle.

Comparons, messieurs, sans prévention, l'état d'un de ces chrétiens avec celui d'un homme du monde : l'un met sa confiance en Dieu seul, auquel il n'y a ni changement ni vicissitude ; l'autre la met en des biens passagers qu'une révolution continuelle de fortune lui donne et lui ôte ; l'un s'établit un repos solide en assujettissant ses passions, et possède son âme comme en pays conquis, dont il a réduit les habitants à vivre en paix ; l'autre est toujours agité. Que de désirs ! que d'espérances ! que de craintes ! que de jalousies ! que d'intérêts ! que de remords déchirent son âme ! L'un trouve son bonheur dans lui-même : la connaissance de la vérité, l'intégrité de sa conscience, les grâces qu'il reçoit de Dieu et les services qu'il lui rend, le comblent de consolations spirituelles, et le mépris même des plaisirs lui est un plaisir très sensible ; l'autre n'a de bonheur que hors de lui-même ; il lui faut des divertissements, des spectacles, encore faut-il qu'ils soient tumultueux et souvent même diversifiés, de crainte qu'il ne s'en ennuie.

Je sais qu'ils ont leurs peines l'un et l'autre, et qu'il y a des croix, et pour les sectateurs du monde, et pour les disciples de Jésus-Christ ; mais avec cette différence que les uns souffrent comme des malfaiteurs, les autres comme des martyrs ; ceux-là, abandonnés à eux-mêmes, sentent toute la pesanteur de leur croix ; ceux-ci ne la sentent qu'à demi, le poids n'en tombe pas tout sur eux. Jésus-Christ, qui habite en eux et qui souffre en eux, en porte lui-même une partie, et sa grâce, qui les soutient, adoucit tous leurs déplaisirs et rend le joug, sinon agréable et doux, du moins léger et supportable. La première raison, c'est que leurs peines sont volontaires : leur ôte-t-on leurs biens ? ils étaient prêts de les donner eux-mêmes ; les persécute-t-on pour la justice ? c'est pour eux une des béatitudes évangéliques ; perdent-ils ce qu'ils avaient de plus cher dans leurs familles ? ils l'offraient tous les jours à Dieu et lui en faisaient un sacrifice dans leurs prières. Secondement, ils aiment Dieu, et rien de ce qu'ils font pour lui ne leur paraît difficile. La charité adoucit tout ce que le travail peut avoir de rude : assister les pauvres, consoler les affligés, défendre les faibles, renoncer aux honneurs, aux plaisirs, à soi-même ; céder aux uns, pardonner aux autres, être utile à tous, ce seraient des fatigues insupportables à des âmes tièdes, ce sont les délices des âmes fidèles et ferventes. Troisièmement, ils trouvent des secours et des ressources dans les grâces qu'ils ont reçues de Dieu et dans l'habitude des vertus qu'ils ont pratiquées, comme lorsque le cœur est en quelque oppression violente, tout le sang coule à son secours, de peur qu'il ne tombe en défaillance ; ainsi quand l'âme d'un homme de bien est dans quelque affliction pressante, toute sa force se recueille, toutes ses vertus s'unissent ensemble. La foi lui fait connaître quels sont les véritables biens et les véritables maux ; l'espérance adoucit ses peines en lui représentant les récompenses éternelles ; la charité lui fait adorer la main de Dieu, lors même qu'il frappe ; l'humilité lui persuade qu'il n'y a point de châtiment qu'il ne mérite ; l'obéissance le soumet, la patience le console, et Jésus-Christ le fortifie. Mais les méchants sont sans appui et sans assistance dans leurs peines : ils sont humiliés, dit saint Bernard, et ils n'ont point d'humilité ; ils souffrent, et ils ne sont pas accoutumés à la patience ; les volontés de Dieu leur paraissent dures, parce qu'ils n'ont point de soumission ni d'obéissance ; leurs croix leur sont insupportables, parce qu'elles n'ont point d'onction , enfin ils ne voient que la disgrâce ou la douleur qui les accable ; et ce feu de la tribulation, qui affine et purifie les justes comme des métaux précieux, fond et consume les gens du monde comme des métaux impurs et grossiers.

Cependant ils se scandalisent des croix et des souffrances de Jésus-Christ, et ne se rebutent pas de celles du monde ; ils surmontent tous les obstacles, quand il s'agit de satisfaire toutes leurs passions, et la moindre difficulté les arrête quand il les faut combattre ; le joug de la convoitise leur paraît doux, celui de Jésus-Christ leur est insupportable. Faites, Seigneur, faites tomber de leurs yeux le bandeau qui les aveugle ; changez ces martyrs infortunés du monde en victimes de la pénitence ; jetez une portion de votre croix dans ces eaux amères du siècle qui sanctifie leurs peines, et mêlez une goutte de votre calice à l'amertume de leurs souffrances ; faites-leur mériter le torrent de joie dont vous enivrez vos élus dans le ciel, que je vous souhaite, etc.

Panégyrique de Saint Louis

Prêché dans l'église de Saint-Louis,
dans l'île Notre-Dame, à Paris, le 25 août 1681.

*Sicut divisiones aquarum :
ita cor regis in manu Domini,
quocumque voluerit inclinabit
illud.*

Le cœur des rois est dans les
mains du Seigneur comme une
eau courante ; il le fait tourner
du côté qu'il veut.
Dans le livre des Proverbes,
chap. XXI.

Lorsque le cœur des rois est dans leurs mains, et que Dieu, par un secret jugement de sa providence ou de sa justice, les abandonne à eux-mêmes, hélas ! enivrés de leur propre grandeur, ils oublient celui qui les a faits grands. Ils n'ont d'autre loi ni d'autre règle de leurs volontés que leur volonté même. Tout ce qui flatte leurs désirs leur paraît permis ; l'orgueil de la vie, les pompes du monde, les plaisirs des sens occupent toutes leurs pensées ; et il est difficile qu'ils ne tombent dans les dérèglements ordinaires et inévitables à une condition éclatante mais dangereuse, où les passions sont continuellement excitées par les objets et entretenues par les occasions, et où le penchant au péché est fortifié par la facilité de le commettre et par l'impunité quand on l'a commis.

Lorsque le cœur des rois est dans les mains des hommes, hélas ! tout conspire, ce semble, à les pervertir. La flatterie les corrompt, la politique les trompe, le mauvais conseil les préoccupe, le mauvais exemple les entraîne, la diversité des affaires les dissipe. On surprend leur crédulité par des apparences de bonne foi ; on nourrit leurs défauts par des complaisances affectées ; on prend des tours ingénieux pour donner du relief à certains commencements de vertu qui n'ont rien de grand ni de solide ; on a des voiles toujours prêts pour jeter sur la vérité, de peur qu'elle ne leur plaise trop ou qu'elle ne leur déplaise. Enfin, tout ce qu'ils voient, tout ce qu'ils entendent, c'est autant d'amusements qu'on donne à leur vanité, ou de pièges qu'on tend à leur innocence.

Mais lorsque le cœur des rois est dans les mains de Dieu, et que par sa miséricorde il les tourne à sa religion et à sa justice en leur donnant des inclinations bonnes et bienfaisantes, il s'en sert comme d'un noble et glorieux instrument pour faire admirer sa puissance, pour faire craindre ses jugements, pour faire observer sa sainte loi, pour répandre ses miséricordes, pour représenter sa sainteté et pour régner par eux sur l'esprit et sur le cœur des autres hommes. Tel fut le grand saint Louis, dont l'Eglise, célèbre aujourd'hui la mémoire. Dieu le prévint de ces bénédictions de douceur par lesquelles il se hâte, pour ainsi dire, d'entrer en possession de ses élus. Il lui donna un de ces naturels heureux qui sont faits pour la vertu, et qui semblent être la vertu même. Il permit qu'une sainte éducation fît fructifier, dès son enfance, ces premières semences de piété qu'il avait versées dans son âme ; et soit qu'il régnât dans une glorieuse paix, soit qu'il entreprît de grandes guerres, soit qu'il souffrît de grandes tribulations, Dieu le sanctifia dans sa gloire, Dieu le soutint dans ses travaux, Dieu le couronna dans sa patience.

Si je n'avais, messieurs, qu'à vous parler de la grandeur d'un roi, je me servirais des règles de cet art ambitieux qui apprend aux hommes à louer des hommes ; mais dans l'engagement où je suis de vous parler des grandeurs d'un saint, je ne dois tirer ce que je dis que du sein de la vérité et des lumières de l'esprit divin, que j'invoque par l'intercession de la Vierge. *Ave Maria*, etc.

C'est toujours l'ouvrage de la main de Dieu et un effet de sa puissance, que la sanctification des hommes, de quelque état qu'ils puissent être. Il faut arrêter le cours de leurs inclinations naturelles, réprimer leurs mouvements contraires à la foi et à la discipline, leur inspirer de nouveaux désirs et de nouvelles affections, et faire en eux des changements et des révolutions qu'il n'appartient qu'à sa grâce de faire. Mais quand il veut s'assurer du cœur des rois et des grands du monde, et former en eux une sainteté sincère et constante, c'est l'ouvrage de sa main droite. Il faut qu'il agisse de toute la force de sa grâce ; qu'il surmonte cette fatale opposition qu'il y a entre la grandeur et la piété ; qu'il retienne tout le poids de la cupidité, qui d'elle-même tombe sur eux ; et que, renversant tous les obstacles qu'y met le monde, il les arrache à eux-mêmes et leur fasse changer, au moins intérieurement, de condition et de nature.

Mais il y a trois défauts qui sont ordinaires à leur état : l'amour-propre qui les attache à leur gloire, à leur intérêt et à leur plaisir, et leur rend tout le reste indifférent ; une imagination d'indépendance qui leur persuade que tout ce qui leur plaît leur est permis ; un esprit du monde, auquel ils tiennent par tant d'endroits, qui les jette dans l'irréligion, ou pour le moins dans la tiédeur. Or, messieurs, je prétends vous montrer que Dieu, par sa grâce, a sauvé saint Louis de ces trois sortes de corruption, en lui donnant,

1° Un cœur tendre pour son peuple.

2° Un cœur modéré pour lui-même.

3° Un cœur soumis et fervent pour Dieu.

Voilà les trois réflexions qui feront le partage de ce discours, et le sujet de votre attention.

PREMIER POINT

Si l'Écriture sainte nous enseigne que toute âme doit être soumise aux puissances, elle nous enseigne aussi que toute puissance doit veiller sur les âmes qui lui sont soumises. La providence de Dieu a établi cet ordre et ces devoirs réciproques dans la société des hommes. S'il y a donc des rois dans le monde, ce n'est pas pour donner aux peuples le vain spectacle d'une grandeur et d'une magnificence mondaine ; ce n'est pas pour recevoir, comme des idoles, l'encens et les vœux de leurs sujets dans une oisiveté superbe ; ce n'est pas pour entretenir leur orgueil ou leurs inquiétudes par l'ambition de tout avoir, ou par la licence de tout faire. A Dieu ne plaise qu'un roi sage, qu'un roi chrétien se propose des fins si peu raisonnables et si peu chrétiennes ! La royauté selon saint Paul, n'est pas seulement une dignité qui élève un homme au-dessus des autres, c'est aussi un ministère de religion envers Dieu, de justice envers les peuples, de charité envers les misérables, de sévérité envers les méchants, de tendresse envers les bons. Voilà les principes sur lesquels saint Louis a fondé la gloire et la sainteté de son règne.

Il sentit le poids de sa couronne dès le moment qu'il la porta ; il reconnut la difficulté du travail, et il demanda, comme Salomon, la sagesse pour travailler avec lui. Les premières vérités qu'il apprit furent ce qu'il devait à Dieu comme homme, ce qu'il devait à son peuple comme roi. Les premières pensées qu'il eut furent de rendre son royaume heureux et de se rendre saint lui-même ; les premières actions qu'il fit furent des actions de clémence et de justice ; et il commença de régner en sacrifiant son repos, et en exposant sa propre vie pour mettre fin aux guerres civiles.

Vous tracerai-je ici la triste image d'une minorité et d'une régence traversée ? Vous représenterai-je cette fatale division que la jalousie et le désir de commander excitèrent dans les premières années de son règne ? On vit des princes armés sous le prétexte ordinaire du bien public, l'Anglais répandu jusque dans le sein de la France, l'autorité du roi violée, les bons sujets opprimés, et ce royaume si florissant prêt à devenir la proie des ennemis étrangers et domestiques. Quelle désolation, messieurs ! Louis, sans consulter la chair et le sang, sans s'excuser sur sa jeunesse, sans craindre les incommodités des saisons ni les dangers de la guerre, sort en campagne, implore le secours du Dieu des armées, va chercher et combattre ses ennemis : je me trompe, va soulager ses sujets, et leur rendre la paix avec le gain d'une bataille.

C'est là qu'assisté du secours du ciel, et plus touché de la justice de sa cause que de ses propres intérêts, portant la terreur dans les troupes étrangères, il fit voir que la véritable piété n'est pas contraire à la véritable valeur, et que les plus difficiles victoires ne sont que les coups d'essai de ceux que Dieu même instruit pour la guerre. C'est là qu'on le vit suppléer par sa vertu à l'inégalité du nombre ; soutenir lui seul le poids de l'armée ; défendre le pont de Taillebourg avec une fermeté plus merveilleuse que celle que l'ancienne Rome a tant vantée ; et faire des actions qu'on pourrait accuser de témérité, si l'esprit de Dieu n'élevait quelquefois au-dessus des règles d'une vertu et d'une prudence commune ces grandes âmes qu'il destine à combattre l'orgueil et la rébellion des hommes.

Ce ne fut ni l'envie de vaincre, ni le désir de se venger qui allumèrent ce jeune courage, ce fut le désir de la paix et de la sûreté publique. Aussi, la fin de la rébellion fut le repentir, et non pas la ruine des rebelles. Il n'abattit pas ces têtes orgueilleuses, il se contenta de les avoir humiliées ; il leur donna son amitié dès qu'il les eut remises dans l'ordre ; et l'on eût dit que Dieu lui avait préparé ces guerres et qu'il lui avait mis les armes en main, pour lui donner la gloire de vaincre et le plaisir de pardonner. Jamais amnistie ne fut signée de meilleure foi. Après leur avoir sauvé la vie, il ne la leur rendit pas ennuyeuse par des froideurs et des défiances éternelles ; il les regarda comme des amis acquis, non pas comme des ennemis réconciliés ; et les employant dans ses expéditions saintes, il ne leur demanda, pour satisfaction d'avoir été contre leur patrie, que d'aller combattre avec lui pour la foi et pour la religion.

Où trouve-t-on aujourd'hui de ces cœurs sincères et magnanimes ? On ne fut jamais si pointilleux ni si délicat ; on s'offense de tout, et l'on ne veut jamais être

offensé impunément. Il n'y a presque plus de réconci-
liations qui ne soient feintes et simulées ; on ôte l'appareil du dehors, mais la plaie demeure au dedans ; on
croit être en sûreté pourvu qu'on sauve les apparences.
Aimez vos ennemis ; faites du bien à ceux qui vous
haïssent. C'est un conseil de perfection, et non pas un
précepte de nécessité, vous dira-t-on. Chacun se croit le
malheureux et l'offensé. La haine se resserre, mais
elle ne se perd point. Lors même qu'on proteste qu'on
ne veut point de mal à son frère, on lui en fait, on lui
en procure, et on l'accablera même, si l'on peut, en lui
disant toujours que chrétiennement on lui pardonne.

Ce n'est pas ainsi que pardonna saint Louis, quelque
grand qu'il fût, et quelque grande que fût l'injure. Ne
croyez pas pourtant que sa clémence eût rien de bas ;
il sut retenir les grands dans leur devoir, mais ce fut
par sa bonté plutôt que par sa puissance, par la vénération qu'ils eurent pour sa vertu plutôt que par la
crainte de ses armes ; et s'il eut assez de douceur pour
remettre l'injure qu'ils lui avaient faite, il ne manqua
jamais de force et d'autorité pour empêcher qu'ils n'en
fissent à ses sujets.

Après que Dieu eut donné de si heureux succès à
cette première guerre, saint Louis s'appliqua tout entier
à régler ses états. Une des plus essentielles et nobles
fonctions des souverains, c'est de rendre la justice aux
peuples. Le roi prophète ne demandait rien à Dieu avec
plus d'insistance que son jugement. Salomon ne lui
demandait qu'une docilité de cœur et un juste discernement pour connaître le bien et le mal, et pour juger son
peuple sur cette connaissance, et saint Louis en fit une
des principales occupations de son règne. Il écoutait, il
examinait lui-même par son équité les différends de
son peuple. L'entrée du Louvre était libre à tous ceux
qui recouraient à sa protection. On ne voyait pas autour
de lui des rangs affreux de gardes en haie, pour effrayer
les timides ou pour rebuter les importuns. Il ne fallait
pas gagner par des présents ou fléchir par des prières des
huissiers intéressés ou inexorables ; il n'y avait point
de barrière entre le roi et les sujets que le moindre ne

pût franchir. On n'attendait pas quel serait son sort
auprès de ces portes superbes, qu'on entr'ouvre de temps
en temps pour exclure, non pas pour recevoir ceux qui
se présentent. On n'avait besoin d'autre recommanda-
tion ni d'autre crédit que de celui de la justice, et c'était
un titre suffisant pour être introduit auprès du prince
que d'avoir besoin de sa protection.

Que j'aime à me le représenter, ce bon roi, comme
l'histoire me le représente, dans le bois de Vincennes,
sous ces arbres que le temps a respectés, s'arrêtant au
milieu de ses divertissements innocents pour écouter les
plaintes et pour recevoir les requêtes de ses sujets !
Grands et petits, riches et pauvres, tout pénétrait
jusqu'à lui indifféremment dans le temps le plus agréable
de sa promenade. Il n'y avait point de différence entre
ses heures de loisir et ses heures d'occupation ; son tribunal le suivait partout où il allait. Sous un dais
de feuillage et sur un trône de gazon, comme sous le
lambris doré de son palais et sur son lit de justice ;
sans brigue, sans faveur, sans acception de qualité ni
de fortune, il rendait sans délai ses jugements et ses
oracles avec autorité, avec équité, avec tendresse ;
roi, juge et père tout ensemble.

Quel magistrat aujourd'hui veut interrompre ses
divertissements, quand il s'agirait, je ne dis pas du
repos, mais de l'honneur, et peut-être même de la vie
d'un misérable ? Les temps des plaisirs absorbent ceux
des devoirs. La magistrature n'est que trop souvent un
titre d'oisiveté qu'on n'achète que par honneur et qu'on
n'exerce que par bienséance. Ceux mêmes qui paraissent les plus sages veulent bien être un peu occupés de
leur charge, mais ils ne veulent pas en être incommo-
dés. C'est ne savoir pas vivre et leur faire injure,
que de leur demander justice, quand ils ont résolu de
se divertir. Leurs cabinets sont impénétrables ; ils ont
leurs temps eux-mêmes où ils se rendent inaccessibles,
et où le seul nom d'affaire les scandalise. Leurs amusements sont comme la partie sacrée de leur vie à
laquelle on n'ose toucher ; ils aiment mieux lasser la
patience d'un malheureux, et mettre au hasard une

bonne cause, que de retrancher quelques moments de
leur sommeil, de rompre une partie de jeu, ou une
conversation inutile, pour ne rien dire de plus criminel,

Saint Louis ne fuyait pas ainsi le travail, et quelque
fatigué qu'il fût de la multiplicité de ses devoirs, c'était
pour lui se délasser, que de pouvoir être utile au peuple.
Mais quoiqu'il se crût redevable à tous, et qu'il dit souvent avec l'apôtre : Je suis débiteur à tout le monde,
il pensa qu'il était encore plus obligé d'avoir soin des
pauvres. Quoiqu'il eût établi des juges d'une probité
reconnue et d'une réputation irréprochable, il se réserva
le jugement des affaires des pauvres, comme sa fonction favorite. Il savait que la justice n'est pas toujours
si bien voilée qu'elle n'entrevoie les personnes qui la
recherchent ; que celui qui est sans crédit se trouve
aisément sans secours, et qu'un pauvre qui sollicite est
presque toujours importun. L'expérience ne le fait que
trop voir, quelque bonnes que soient leurs raisons, on
s'ennuie de les entendre. Si l'on ne les rejette pas avec
dureté, du moins on leur parle avec hauteur et avec
empire ; et quand même on leur rend justice, on la leur
rend ordinairement de mauvaise grâce. Louis voulut
empêcher cette corruption ou prévenir ce danger, en
se chargeant lui-même de cette partie de la justice, et
leur donna deux fois la semaine de longues et faciles
audiences, où tempérant l'éclat de la royauté par un
air de bonté et de simplicité chrétienne, il leur ôtait la
crainte qu'imprime la majesté, et la timidité que la
pauvreté donne d'elle-même.

C'est là que comme un père commun il soutenait le
faible contre le puissant, et punissait l'injustice de
quelque autorité qu'elle fût appuyée. C'est là qu'il
dissipait par la lumière de son esprit ce que la malice
ou la calomnie avait tâché d'embrouiller. C'est là
qu'étant assis sur le trône de son jugement il dissipait
d'un de ses regards les nuages qui s'élevaient dans cette
région inférieure de son royaume. C'est là enfin qu'il
prononçait des arrêts de miséricorde, et qu'entrant en
jugement entre soi-même et son peuple il se relâchait
de ses droits, et renonçait à ses propres intérêts, et

qu'il donnait ces grands exemples d'équité et de désintéressement que ses successeurs font gloire de suivre.

Ce fut pour satisfaire à cette tendresse paternelle,
qu'il conserva la paix avec ses voisins, et qu'il l'entre-
tint parmi ses sujets. Il avait appris ces grandes
maximes, que les rois doivent aimer la paix par inclination, et faire la guerre par nécessité ; que leur véritable grandeur ne consiste pas à mettre des armées sur
pied ; et que la tranquillité publique entretenue vaut
mieux que ces victoires qui coûtent d'ordinaire tant de
sang et de larmes. Ce fut dans ce même esprit qu'il
se contenta du revenu de son domaine royal et de
quelques tributs presque volontaires. Il ne mit point en
parti les biens et la fortune des pauvres. Pour être
bon courtisan, il ne fallut pas étudier les moyens de
remplir l'épargne du prince. Il ne crut pas que pour
avoir des sujets obéissants, il fallût les rendre misérables.
Quoiqu'il n'y ait jamais eu de roi plus noble et plus
magnifique, ne sut-il pas régler ses dépenses, en sorte
qu'elles firent honneur à sa dignité, et ne furent à
charge à personne ? Lorsqu'il marchait dans ses provinces, ne laissait-il pas derrière lui des hommes justes
et fidèles pour examiner et pour réparer largement les
dommages, que la marche tumultueuse d'une grande
et nombreuse cour cause quelquefois au public et aux
particuliers ? Ainsi il marquait son chemin par les
traces de sa bonté et de sa justice ; et traversait son
pays non pas comme un torrent qui le ravage, mais
comme un fleuve lent et paisible, qui porte partout la
richesse et l'abondance. Prêt à partir pour la guerre
sainte, ne fit-il pas publier qu'il était prêt de satisfaire,
avant son départ, ceux qui croiraient avoir sujet de se
plaindre de sa justice ? Et que recommanda-t-il plus
soigneusement à ses successeurs, que l'amour et la
piété pour les peuples ?

Mais voyons le fond de ce cœur pieux et compatissant dans une triste conjoncture de son règne. Dieu,
pour punir les péchés de son peuple, ou pour exercer la
charité du roi, permit que la peste et la famine tout
ensemble désolèrent ce grand royaume. Cette double

calamité se répandit partout. La terre ne produisait point de fruits, l'air n'avait que de malignes influences, la vie manquait aux uns, la mort surprenait les autres ; les éléments semblaient être conjurés contre les hommes, qui se voyaient réduits à la triste nécessité de périr, ou par la colère du ciel, ou par la stérilité de la terre. Ce fut alors que ce saint roi déploya toute sa charité. Il répandit d'une main prodigue ces trésors qu'il amassait avec tant de retenue. Il se regarda comme un père de famille chargé de la vie et du salut de ses enfants. Il envoya aux uns les secours nécessaires pour bien vivre ; aux autres, les consolations pour bien mourir. Il fut malade avec les malades. Il fit, malgré les saisons, naître par ses soins l'abondance. Non-seulement il se chargea du soulagement de la misère publique, il voulut même prendre sur soi la pénitence ; il pleura en secret ; il s'offrit à Dieu ; il s'affligea. Combien de fois, courbé sous la haire et sous le cilice. offrit-il à Dieu le sacrifice, qui lui est le plus agréable, d'un cœur contrit et humilié ? Combien de fois, exténué de jeûnes et d'abstinences, dans les processions publiques, donna-t-il à Dieu et aux hommes le spectacle si grand et si rare d'un roi innocent et pénitent tout ensemble ? Combien de fois, se regardant lui-même comme le sujet de la vengeance divine, tout juste et tout saint qu'il était, dit-il, comme un prince pécheur dans une rencontre pareille : C'est moi qui suis le coupable ; tournez sur moi, Seigneur, votre colère. Voilà, messieurs, le cœur tendre que Dieu lui avait donné pour son peuple. Voyons maintenant ce cœur modéré et sans passion. C'est la seconde partie de ce discours.

DEUXIÈME POINT

Lorsque les passions se trouvent jointes avec un pouvoir absolu, qu'il est difficile de les régler et de les vaincre ; et que l'Écriture sainte dans les paroles de mon texte, a raison de les comparer à certaines eaux ramassées qui coulent avec rapidité ! Les désirs des particuliers sont des ruisseaux qui vont sans bruit, qu'on arrête facilement, et qui ne nuisent tout au plus qu'à quelques plantes ou à quelques fleurs qui naissent trop près de leur rivage. Mais les désirs des souverains sont des torrents qu'aucune digue ne peut arrêter, qui grossissent toujours dans leurs cours et qui ravagent toute une campagne. Telle est la condition des grands du monde, soit parce qu'agissant pour de grands intérêts ils en sont frappés plus vivement; soit, parce que ne trouvant aucune résistance dans l'accomplissement de leurs volontés, ils s'y appliquent avec plus de force; soit parce qu'ils y sont poussés ordinairement par les conseils pernicieux de ceux qui les environnent. Vous seul, mon Dieu, quand ils ont mis leurs cœurs en vos mains, pouvez les gouverner et leur donner la pente et le mouvement que votre providence a résolu de leur donner.

C'est, messieurs, la grâce qu'il fit à saint Louis. Comme il l'avait choisi pour en faire un roi selon son cœur, il lui ôta, selon l'expression de l'Ecriture, cet esprit de prince qui porte à dominer avec orgueil, et à s'agrandir sans règle et sans mesure. Il mit sur toutes ses passions le sceau de sa modération et de sa sagesse, et lui donna des inclinations contraires à tous les vices de son état. Il abaissa sa grandeur royale sous l'humilité chrétienne. Il changea la mollesse de la cour en une vie austère et pénitente. Il soumit au pouvoir de la charité et de la justice le pouvoir souverain de tout faire. Examinons la conduite de ce saint dans tous ces états.

Quand je parle ici de l'humilité de saint Louis, ne vous figurez pas, messieurs, une humilité naturelle, qui vient de manque d'esprit et de courage, qui ne se sent pas ou qui se néglige. Il fut humble par modération, non par faiblesse. Cette vertu ne fut pas en lui un effet de son tempérament, ce fut un effet de la grâce de Jésus-Christ. Et s'il eut dans le cœur la simplicité d'un chrétien, il eut, quand il le fallait, toute la majesté et toute la hauteur d'un roi. Quel prince a jamais soutenu ses droits avec plus de fermeté? Quelle main, fût-elle sacrée, osa toucher à sa couronne? Avec quel juste

mais noble discernement sut-il séparer les intérêts de
la religion d'avec ceux de la politique ; obéir aux ordres
des souverains pontifes, sans entrer dans leurs préventions ; et sans perdre le respect du fils, défendre les
droits du souverain ? Avec quelle résolution arrêta-t-il
l'humeur inquiète d'un empereur qui l'avait menacé de
lui faire la guerre ? Avec quelle fierté parut-il dans sa
prison après sa défaite, lorsqu'il s'agit de l'honneur de
la religion ou de la dignité de sa personne ? La crainte
des supplices et d'une mort prochaine ne put le faire
consentir à payer de rançon pour lui, ou à donner
d'autre garant de sa parole que sa parole. Un rayon
de majesté et de vertu que Dieu fit luire sur son visage
arrêtait la fureur de ces barbares. Le vaincu parlait en
vainqueur, et les Sarrazins, étonnés de la surprise de
leur sultan et de la grandeur d'âme de leur prisonnier,
doutèrent quelque temps lequel des deux était leur
maître.

Cependant, messieurs, il eut le secret de s'ôter à lui-
même une partie de sa grandeur, et de rendre la royauté
petite à ses yeux, et il put dire, avec le roi prophète,
qu'il n'a pas marché dans les voies de grandeur.
On le vit baisser sa tête sacrée aux pieds des pauvres
qui lui représentaient Jésus-Christ ; employer ses mains
charitables pour les servir dans leurs besoins ; porter
lui-même les corps morts de ses soldats, et courber ses
épaules royales sous ces fardeaux de charité et de miséricorde chrétienne. Orgueil du monde, délicatesse du
monde, tremblez et condamnez-vous !

Je ne parlerai pas ici de la modestie de sa conversation
et de la simplicité de ses habits, qui furent comme des
lois efficaces contre le luxe et la hardiesse des courtisans. Je ne vous dirai pas qu'il ne permit point au
pécheur de répandre ses parfums sur sa tête; et qu'il
aima mieux être repris par la vérité que corrompu par
les louanges. Son histoire nous fournit de plus grands
exemples. Les princes se font honneur des titres ambitieux, et des noms qu'ils prennent de leurs états ou de
leurs victoires. Vous savez jusqu'où le caprice des
hommes a souvent poussé cette extravagante vanité.

Saint Louis renonça à toutes ces qualités mondaines, et ne voulut point d'autre titre que celui de Louis de Poissy, qui avait été le lieu de son baptême. Il ne compta que sur les avantages de sa naissance spirituelle; il tira sa gloire du royaume céleste où il aspirait, et non pas du royaume qu'il possédait sur la terre. Sa fortune fut d'être enfant de l'Église, et non pas d'être roi de France; et foulant aux pieds les grandeurs humaines, dont il connaissait le néant, il oublia ce qu'il était par sa dignité, et ne songea qu'à ce qu'il devait être par son baptême.

Mais pour bien connaître son humilité, voyons-le dans ces temps heureux d'une prospérité touchante et inespérée, où le cœur se dilate et s'occupe ordinairement de son bonheur. Repassez en votre mémoire le noble dessein qu'il conçut d'aller combattre les infidèles, de porter la croix et les mystères de Jésus-Christ dans les lieux de leur origine. Sa piété le presse, l'espérance de succès l'anime; il part avec ardeur, il s'embarque avec confiance. Les vents semblent être d'accord avec son zèle; la mer baisse ses flots et porte avec respect ces vaisseaux chargés de tant de noblesse chrétienne. La flotte arrive devant Damiette. A la vue de cette ville superbe et des vingt mille barbares qui la défendent, le courage des croisés s'excite. Louis, à leur tête, brûlant d'une sainte impatience, s'avance l'épée d'une main, le bouclier de l'autre, et sautant de son vaisseau, va prendre terre au travers des vagues et d'une grêle de traits qui tombent sur lui de tout le rivage. L'ennemi s'étonne, le chrétien gagne du terrain, les croix se plantent sur les murailles, tout cède; et dans un jour il se rend maître d'une place et s'ouvre le chemin à toutes les autres.

Quel pensez-vous que fut le lendemain l'appareil de son triomphe? Va-t-il sur un char pompeux recueillir les louanges et les acclamations d'une armée que l'exemple de sa valeur a rendue victorieuse? Entasse-t-il les dépouilles des ennemis pour en faire des trophées à sa propre gloire? Éclate-t-il d'or et de diamants et joint-il à ses propres richesses celles du tyran qu'il vient de vaincre? Apprenez, messieurs, une espèce de nouveau triomphe. Il entre en posture de pénitent, et non pas

avec la fierté d'un vainqueur : il suit pieds nus l'étendard de la sainte croix, et fait porter pour toute
représentation de sa victoire l'image de Jésus-Christ
souffrant et humilié. Les cantiques qu'on chante ne sont
pas à l'honneur de celui qui a vaincu, mais de celui qui
a fait vaincre. Il veut que la religion recueille les fruits
d'une guerre qu'il n'a entreprise que pour elle. Pour lui
il se confond, il s'humilie, et il ne contribue à son
triomphe que par le sacrifice qu'il y fait de sa grandeur
et de sa gloire.

S'il a surmonté l'orgueil, il n'a pas moins surmonté
la volupté, et on l'a vu au milieu de sa cour vivre
avec l'austérité et la mortification d'un anachorète. La
cour est une terre fertile en amusements frivoles, en
amours profanes, en mauvais désirs. C'est la partie
la plus décriée de ce monde, que l'Evangile a tant
de fois condamné, où les passions s'excitent, s'entre-
tiennent, se communiquent, et conspirent toutes contre
l'innocence. C'est une région de ténèbres, où la vérité
est étouffée par le mensonge et la raison obscurcie par
la vanité, et où la lumière de la foi disparaît comme
l'étoile qui guidait les Mages s'éclipsa sur la cour
d'Hérode. Mais Jésus-Christ nous apprend lui-même
que c'est le séjour du luxe et de la mollesse, et saint
Louis en fit un séjour de rigueur et de pénitence
pour lui-même.

Vous dirai-je que, malgré tous les pièges qu'on tendit
à sa pureté, il conserva l'innocence de son baptême ;
qu'il avait fait, comme Job, un pacte avec ses yeux de
ne les arrêter jamais sur un visage qui pouvait séduire
son âme ; et qu'une rigide et sévère vertu le rendit toujours insensible aux charmes des voluptés défendues !
Vous dirai-je qu'il châtia son corps pour le réduire
en servitude, qu'il le serra d'un cilice presque continuel,
et qu'il arrosa souvent de son sang sa pourpre royale !
Manqua-t-il à aucune de ces lois que l'Eglise prescrit
indifféremment à tous ces enfants, et dont les grands du
monde, par le relâchement d'autrui ou par leur propre
délicatesse, se dispensent tous les jours impunément ?
Quel jeûne n'a-t-il point observé avec une exactitude

même scrupuleuse ? Quel carême n'a-t-il pas continué
aux dépens même de sa santé toute précieuse et tout
importante qu'elle était au monde ?

Il ne s'est pas excusé sur la bienséance de sa condition, ni sur l'honnêteté de ses mœurs ; il n'a pas
cru qu'il pût se dispenser de la loi, ou que la grandeur
fût un titre suffisant contre les règles communes de
l'Évangile ; il n'a pas renvoyé la pénitence ou aux
pécheurs qui la méritent dans le monde, ou aux gens
de bien qui la pratiquent volontairement dans les
cloîtres. Son humilité lui a fait pleurer ses péchés, son
courage lui a fait entreprendre l'ouvrage de son salut.
Il n'était ni religieux ni coupable, il était innocent
et il était le roi ; cependant il pratiqua toutes les
austérités que pratiquent les religieux, et il s'imposa
toutes les peines qu'on a coutume d'imposer aux pénitents.

Mais il y a dans le cœur même des rois les plus pieux
certain amour secret pour leur grandeur, qui les porte à
la soutenir et à l'étendre, sinon avec injustice, du moins
avec inquiétude. Ils ne sèmeront pas la discorde entre
leurs voisins ; mais ils auront un peu de maligne joie de
l'y voir naître. Ils ne se serviront pas de leurs avantages
pour usurper ; mais ils feront valoir toutes les raisons
qu'ils auront d'acquérir. Ils ne rompront pas les lois,
mais ils les ploieront à leurs intérêts ; et pour peu qu'ils
croient qu'ils ne choquent pas la justice ; ils ne feront
pas grand scrupule de blesser un peu la charité. Saint
Louis ne se laissa pas emporter à cette tentation
délicate ; il se rendit de bonne foi l'arbitre de tous
les différends de ses voisins, et leur ôta, par une amitié
désintéressée, tous les sujets et tous les prétextes de
rompre la paix. Les sages du monde lui représentèrent
souvent, mais en vain, que l'habileté n'était pas de les
unir, mais de les diviser et de profiter de leurs divisions;
qu'il fallait les laisser user contre eux-mêmes les
forces qu'ils pouvaient tourner contre lui ; que, s'il était
honnête de les empêcher de se détruire, il était avanta-
geux de les laisser s'affaiblir. Il rejeta cette politique, il
sacrifia tous ses intérêts à sa charité. Et comme il était

l'amour et les délices de son peuple, il se rendit l'admiration des étrangers.

Mais quelle fut sa modération lorsque Rome, irritée contre l'Empire, lui proposa de le mettre sur le trône de l'empereur par un droit qui ne lui parut pas légitime ! Avec quelle sage fierté répondit-il qu'il n'appartenait qu'à Dieu de disposer des sceptres et des couronnes ; que la perfection d'un roi consiste à bien gouverner ses états, et non pas à s'emparer de ceux des autres; et que, comme la puissance temporelle ne devait pas toucher à l'autel, la spirituelle ne devait pas toucher au trône. Ainsi, il regarda toujours l'empereur comme son frère ; il soumit son ambition à sa justice, et il fit voir sa grandeur d'âme en refusant une couronne, quelque brillante qu'elle fût, quelque sacrée que fût la main qui la lui offrait. D'où venait cette conduite si noble, si pure, si désintéressée, sinon d'un cœur fervent et zélé pour Dieu ? C'est ma troisième partie, où je prétends en peu de mots renfermer de grandes choses, si vous continuez à m'honorer encore quelques moments de votre attention.

TROISIÈME POINT

Quoique la piété convienne à toute condition et à toute sorte de personnes, parce que toute condition tend à Dieu, et que toute personne est à Dieu, on peut dire toutefois que, lorsqu'elle se rencontre dans l'âme des souverains, elle a de grands avantages. Elle est plus noble, parce qu'elle a le moyen de rendre au Seigneur de plus grands hommages et un culte plus magnifique ; elle est plus utile, parce qu'ayant un plus grand nombre de spectateurs elle répand plus loin ses bons exemples : elle est plus sûre, parce que l'hypocrisie n'a point de lieu où il n'y a ni peine à craindre, ni récompense à espérer; mais aussi elle est plus nécessaire, parce qu'ils doivent être dans une plus grande dépendance de Dieu, et qu'ils sont plus chargés de l'édification des peuples.

N'attendez pas que je vous fasse ici un fidèle récit de

ses dévotions ordinaires; de ses heures passées dans la lecture et dans la prière, qui sont comme les deux canaux par lesquels Dieu répand sa lumière dans nos cœurs; de cette attention à la parole de Dieu et aux entretiens spirituels qu'il avait presque tous les jours avec les plus saints et les plus savants hommes de son siècle; de ces retraites intérieures qui lui rendaient Dieu présent dans la foule même de ses courtisans, et dans l'accablement des affaires; de ses mortifications volontaires dont il s'était fait des engagements indispensables. Je laisse à votre imagination cette crainte et cette horreur du péché, que les paroles efficaces d'une vertueuse reine avaient gravées dans son âme dès son enfance; cette foi vive et bienheureuse, qui n'eut besoin d'autre secours que d'elle-même et qui se contenta de croire Jésus-Christ lorsqu'il pouvait le voir dans l'Eucharistie; ces aumônes dont la mémoire passe de race en race jusqu'à la fin des siècles. Je ne m'arrête point à tout ce qu'il a de commun avec le reste des chrétiens.

Il y a une dévotion des princes, dit saint Augustin, différente de celle des particuliers, non pas quant au motif et à la fin, mais dans les vues et dans l'exécution par laquelle ils emploient leur puissance à la gloire de la religion, et font des actions de piété qu'il n'y a que les rois seuls qui puissent faire. Arrêter l'impiété, vaincre les ennemis de Dieu, consacrer à la charité de grandes richesses, se roidir par vertu contre les grandes adversités : voilà les vertus de notre saint.

A peine eut-il le sceptre en main, qu'il ruina la secte opiniâtre des hérétiques albigeois, qui, tant de fois battus, semblaient se relever sous les armes du comte Raimond, et qui du fond d'une province éloignée menaçaient d'établir leur erreur dans toute la France. Il leur envoya des prédicateurs; il leva contre eux des armées; il tâcha de les ramener comme errants, il les dompta comme rebelles; il leur proposa la vérité et il leur fit sentir sa puissance. On vit en peu de temps leur multitude dispersée et leur chef orgueilleux conduit tantôt au pied du trône, tantôt au pied des autels, faire abjuration de son hérésie, et subir toute la rigueur de

sa pénitence demi-volontaire et demi-forcée, à la face
de l'Eglise et de ses ministres.

Après avoir foudroyé l'hérésie, il réprima par la
sévérité de ses édits l'impiété, le libertinage et le blas-
phème. La plupart des princes jusqu'alors avaient pensé
qu'ils ne portaient l'épée que pour défendre leurs intérêts ou pour venger leurs propres injures. Ils laissaient
à Dieu le soin de la majesté de son nom et la pour-
suite de ses offenses. Ils se contentaient d'avoir horreur
de l'impiété sans se mettre en peine de la punir.
Saint Louis porta son zèle plus loin. Non-seulement il
sentit dans son cœur l'outrage fait au nom de son
maître, il employa même le fer et le feu pour le réparer.
Il condamna à un supplice rigoureux et à un silence éternel toutes les langues sacrilèges. C'est sur ce seul point
qu'il fut inflexible et impitoyable; et lui qui pardonna
la rebellion au fameux comte de la Marche; lui qui
renvoya même avec présents ces assassins venus pour
l'égorger sur son trône, de la part de ce formidable tyran
qui en voulait à toutes les têtes couronnées, qui se disait
et qui était l'assassin de tous les princes de la terre; lui,
dis-je, si facile à signer des grâces et à modérer ses
ressentiments, ne consulta que sa justice et se rendit
inexorable aux larmes et au repentir d'un blasphéma-
teur.

Permettez, messieurs, que je déplore ici notre indifférence et notre lâcheté. Nous n'avons qu'une teinture
et une surface de religion; l'injure que l'on fait à Dieu
ne nous touche pas. On n'ose contredire à l'impiété de
peur de passer pour critique ou pour hypocrite. Le zèle
est une vertu que l'on n'estime plus; on s'en moque comme
d'un usage qui convenait à la grossièreté de nos pères,
et qui ne convient plus à la politesse de ce temps. On
se scandalise des moindres défauts des gens de bien,
parce qu'on veut trouver à redire à la vertu, et l'on pardonne tout aux méchants, parce qu'on ne s'intéresse ni
à leur conversion ni à l'honneur de Dieu qu'ils offensent.
Combien de railleries fait-on tous les jours devant nous
sur la religion; nous ne les trouvons pas mauvaises, peu
s'en faut que nous ne les trouvions plaisantes! Com-

bien donne-t-on aux choses saintes et à l'Ecriture de
mauvais tours que nous condamnons quelquefois,
parce qu'ils ne sont pas assez ingénieux, et non pas
parce qu'ils sont contraires à la piété ! On méprise
devant nous le nom du Seigneur, et nous demeurons
froids et insensibles. Prêtres de l'Eternel, ministres du
Dieu d'Israël, vous déchiriez vos vêtements en ces ren-
contres et vous marquiez au moins votre douleur; et
nous, prêtres de Jésus-Christ, ministres de sa nouvelle
alliance, nous la dissimulons par un silence criminel
et par une indigne timidité.

Saint Louis nous doit animer par sa ferveur et par
son zèle. Tout ce qui peut rendre la religion plus pure,
plus majestueuse, plus vénérable, fut l'objet de ses soins,
de ses libéralités, de sa patience. Ne bannit-il pas de ses
états les spectacles et les comédies, et tous ces arts que
le monde a inventés pour perdre les hommes en les
divertissant; pour entretenir leur oisiveté; et par le
récit de feintes passions, leur en inspirer de véritables?
Ne favorisa-t-il pas ces ordres naissants, que la Providence divine avait suscités pour le secours et pour l'édification de son Eglise? Ne les combla-t-il pas de ses
bienfaits? Ne s'en servit-il pas pour établir la foi chez
les infidèles, ou la piété parmi ses peuples? Avec quel
soin et quelle dépense rechercha-t-il les instruments de
la passion du Fils de Dieu, enrichissant la France des
dépouilles du Calvaire et de tous les trésors sacrés de la
Palestine.

Où n'a-t-il pas laissé des marques éclatantes de sa
piété magnifique et royale? Il y avait dans ses mains
et plus encore dans son cœur un fond inépuisable
de charité, qui suffisait à tout, et qui venait à bout
de tout. Fallait-il fonder des églises et des monastères
pour des âmes saintes, qui par leurs bénédictions
réparent les malédictions des impies et l'indévotion des
pécheurs ; fallait-il bâtir des retraites pour les veuves,
les orphelins et les aveugles ; fallait-il des hôpitaux
pour recevoir les pèlerins, et pour secourir les malades;
il sut pourvoir à tous les besoins, et soulager toutes les
misères, et fit lui seul ce que plusieurs rois ensemble

n'ont jamais pu faire. Ce fut-là l'emploi qu'il fit de ses
finances. Il n'augmenta pas pour cela les charges
publiques ; il ne fit pas d'injustice pour avoir de quoi
fournir à sa charité ; il nourrit des pauvres et des misérables, mais il n'en fit point ; ses profusions ne coûtèrent
rien à son peuple ; et ce qu'il donna pour ses aumônes
était ce qu'il retranchait de ses plaisirs. Loin d'ici ces
faux charitables, qui prenant à toutes mains, et donnant
de temps en temps quelque partie de ce qu'ils ont pris,
croient effacer leurs péchés même, et faire un sacrifice
à Dieu des larcins qu'ils ont fait aux hommes. Loin
d'ici ces riches du monde, qui par des fondations, qui
n'ont d'autre fond que leurs rapines, veulent imposer
à la postérité, et faire croire qu'une orgueilleuse avarice
est une libéralité pieuse.

Mais pourquoi perdrai-je saint Louis de vue ? Je me
hâte de vous le représenter dans le véritable état de sa
gloire ; non pas dans ces temps heureux, où il portait
dans tout l'Orient l'honneur de la nation et la fortune
de ses armes ; non pas dans ces deux grandes batailles,
où perçant comme un prodige de valeur les rangs des
troupes infidèles, il obligea ses ennemis à souhaiter
d'avoir un tel maître ; mais dans l'épreuve de la mauvaise fortune ; dans la constance et la soumission aux
ordres de Dieu, qu'il témoigna dans l'affliction de sa
défaite, de sa prison, de ses maladies. Qui n'eût dit que
le ciel seconderait les bonnes intentions de ce prince,
que le succès de cette guerre serait aussi heureux que
le dessein en était juste, et que Dieu combattrait pour
lui comme il allait combattre pour Dieu ? N'eût-il pas
droit de se promettre que, dans l'extrémité des affaires,
la croix lui apparaîtrait comme à Constantin, les vents
s'élèveraient, comme en faveur de Théodose, et qu'il
aurait les mêmes secours, puisqu'il défendait la même
cause ? Mais Dieu, qui lui destinait d'autres couronnes
et qui demandait de lui d'autres victoires, permit qu'il
fût défait, et qu'il tombât lui-même sous la puissance
de ceux qu'il avait tant de fois vaincus. Sages du monde,
qui ne connaissez d'autres félicités que celles qui sont
l'ouvrage de la fortune, arrêtez vos raisonnements et

vos pensées; laissez-nous juger par la foi d'un si funeste
événement.

Quelle fut alors sa constance, messieurs ! La prospérité
ne l'avait point enflé; l'adversité ne l'abattit point. Dans
la déroute de son armée, dans la défaillance de ses
forces, dans les premières horreurs de sa prison, il paie
à Dieu le tribut de sa prière accoutumée. Soutenu par
la grâce, et comme environné de sa protection, il con-
serve sa dignité même dans ses fers, et règne sur le
débris et sur les ruines de sa fortune. Les barbares qui
le gardent sont comme désarmés à son aspect. Les ami-
raux d'Égypte, encore sanglants du meurtre de leur
général, entrent dans sa tente, et leur férocité se change
en respect. Quelle fut la disposition intérieure de son
âme ? Il adore la providence de Dieu par laquelle il a
combattu, et par laquelle il souffre. Il s'estime heureux
d'être humilié sous la main puissante du Seigneur. Il
aime sa captivité, puisque c'est lui qui l'ordonne. Il est
content de n'être pas libre, puisqu'il devient son prisonnier. Et l'on peut dire de lui que la sagesse était des-
cendue dans son cachot, et ne l'avait pas abandonné
dans ses chaînes.

S'il remonte sur le trône, ce n'est pas pour s'y repo-
ser de ses travaux passés, mais pour y prendre de nouvelles forces, pour lever de nouvelles armées pour passer
en Afrique. Lorsqu'il se représente tant de chrétiens qui
gémissent sous l'oppression des infidèles, qui souffrent
sans espérance, et qui ne voient de remède à leurs maux
que dans la charité d'un libérateur que Dieu leur susci-
tait des extrémités de la terre ; il croit entendre, du fond
de ces barbares climats, les cris de tant de misérables.
L'impatient désir de rendre à Jésus-Christ les âmes que
la dureté de ces tyrans avait dessein de lui arracher,
l'anime et le pousse. Il porte l'étendard de la croix sur
les murailles de Tunis, et rien n'arrête son ardeur, que
la volonté de celui qui la lui inspire.

Je me le représente dans cette seconde disgrâce au
milieu de son armée, frappé d'une maladie contagieuse,
étendu dans un pays ennemi, et dans une terre étrangère. Triste et funeste spectacle ! Où est cette grandeur

de la France, où est cette florissante noblesse, où est ce roi qui commandait à tant de légions ? Messieurs, il règne dans le ciel, il règne encore dans le cœur des bons français, qui imitent ses grands exemples.

Il ne nous appartient pas, je l'avoue, de former de ces nobles et vastes desseins, qui ne conviennent qu'à la grandeur et à la puissance royale ; mais nous ne pouvons nous dispenser d'imiter ses vertus chrétiennes. Des pécheurs, tels que nous sommes, refuseraient-ils de faire pénitence, comme la fit un homme juste ? Des sujets auraient-ils honte de s'abaisser jusqu'où un roi s'est humilié ? Des chrétiens feraient-ils difficulté d'apprendre d'un prince chrétien le zèle qu'ils doivent avoir pour la religion et pour la foi de Jésus-Christ ? S'il a suivi les lois d'une modestie évangélique, pourquoi ne réformerons-nous pas notre luxe ? S'il a fondé des hôpitaux, pourquoi ne nourrirons-nous pas quelques pauvres ? S'il a porté sur son corps la mortification de Jésus-Christ, pourquoi ne souffrirons-nous pas les peines dont Dieu nous afflige ? Conformons-nous à ce saint roi, afin que pratiquant les mêmes vertus, nous arrivions à la même immortalité bienheureuse, que je vous souhaite : Au nom du Père, etc.

Sur l'obligation de l'Aumône

Sermon prêché dans l'église des Nouveaux-Convertis, au faubourg Saint-Victor, le cinquième samedi du Carême, en 1681.

Accepit Jesus panes : et, cum gratias egisset, distribuit discumbentibus.
Jésus-Christ prit les pains ; et, après avoir rendu grâces à Dieu, il les distribua au peuple.
En saint Jean, chap. VI.

Un des plus grands miracles que Jésus-Christ ait fait, soit pour sa gloire, soit pour l'utilité ou pour l'instruction des hommes, c'est celui que nous lisons dans l'Evangile que l'Eglise nous propose demain, et que je vous invite à méditer aujourd'hui. Il fait éclater sa Providence en produisant l'abondance dans le désert et suppléant par sa puissance à la stérilité des lieux et au défaut de la nature. Il multiplie ses secours ; et, trouvant des ressources de charité que la prudence des apôtres n'avait pu prévoir, et que la nécessité des peuples qui le suivaient, dans le besoin pressant où ils étaient, n'avait presque osé se promettre, il fait admirer son pouvoir et ressentir sa magnificence. Il satisfait sa miséricorde en nourrissant ces troupes nombreuses, qui, après avoir oublié pendant quelque temps leurs propres besoins, par l'application qu'elles avaient à sa parole, remplies des vérités éternelles qu'il leur prêchait, allaient enfin succomber par une défaillance corporelle. En cela même il accomplit sa justice. Il était raisonnable qu'il protégeât ceux qui s'étaient attachés à lui pour le suivre dans la retraite ; qu'il fît trouver la vie à ceux qui étaient venus chercher leur salut ; et que nourrissant leurs corps d'un pain matériel après avoir nourri leurs âmes de ces enseignements salutaires, il vérifiât cette parole de son Evangile : Que ceux qui cherchent le royaume des cieux, auront encore par-dessus les assistances même temporelles.

Mais ce qui sert à notre instruction, c'est l'exemple qu'il nous donne, d'ouvrir nos entrailles de compassion sur les misères de nos frères ; de soulager les pauvres qu'il nous a laissés pour le représenter en ce monde ; d'étendre notre charité à proportion de nos forces, au delà même de nos forces. En quoi, messieurs, ordinairement on se flatte. On croit que c'est une action de libéralité et non pas une nécessité d'obligation. On regarde l'aumône comme un conseil de perfection, et non pas comme un précepte indispensable de la loi de Dieu. Pourvu qu'on n'ait pas volé le bien d'autrui, on croit qu'on a droit d'abuser du sien ; on se sauve sur la juste acquisition, et l'on ne corrige pas le mauvais usage qu'on fait des biens qu'on a reçus de Dieu. Je viens aujourd'hui combattre cette erreur, et vous faire voir que l'aumône est une obligation, et que la refuser de son superflu, c'est,

1° Pécher contre la providence de Dieu ;
2° Pécher contre la miséricorde de Dieu ;
3° Pécher contre la loi et la justice de Dieu.

Adressons-nous à cet Esprit-Saint, qui est le principe de la compassion et de la charité chrétienne, par l'intercession de cette mère de miséricorde, à qui l'ange dit : *Ave, Maria,* etc.

PREMIER POINT

Le mauvais usage qu'on fait des richesses vient ordinairement de ce qu'on ne les considère que dans un ordre naturel, comme des effets du hasard ou des

présents de la nature. La plupart les regardent comme
des biens qu'une aveugle fortune pousse de main en
main, et qui par une incertaine ou fatale révolution,
s'arrêtant ou changeant de maîtres, échappent aux
uns et tombent en partage aux autres, selon la conjoncture des temps et la rencontre des affaires. Ceux
qui ont acquis ces biens par leur habileté ou par leurs
soins, croient les avoir assez achetés par la peine qu'ils
ont eue à les acquérir, et, les retenant comme l'ouvrage de leurs propres mains, jouissent des bienfaits de
Dieu, comme de la récompense de leur travail et
du fruit de leur industrie. Ceux qui les ont reçus par
succession, en usent comme d'une possession qui,
d'étrangère qu'elle était, leur est enfin devenue propre, et sans remonter à Dieu qui en est la source,
s'arrêtent à la prévoyance de leurs pères, et ne croient
être riches que parce qu'ils le sont nés, ou qu'ils ont
hérité d'un homme qu'il l'avait été. « Aveugles, dit
le Seigneur, par un de ses prophètes, de ne pas voir
que c'est moi qui leur ai donné cette abondance et
ces commodités temporelles, et qui ai multiplié cet
or et cet argent dont ils jouissent. » Faut-il s'étonner si,
manquant dans le principe, ils manquent dans les
conséquences ; si ne connaissant pas les dons de Dieu
ils n'en usent pas selon ses desseins et si ne voulant
pas savoir de qui ils ont reçu leur bien, ils ne s'in-
forment pas à qui ils doivent le distribuer ?

Or, messieurs, supposé, ce que la foi nous enseigne,
que Dieu est l'auteur de tous les biens, même temporels ;
qu'il y a une bénédiction secrète et spirituelle qui les
produit et les multiplie, et une main paternelle et invisible qui les répand et les distribue ; et qu'encore qu'ils
soient peu considérables, si l'on les compare avec ceux
de l'âme, ils ne laissent pas d'être des effets et des
effusions d'une bonté souveraine qui nous les donne,
non pas comme des félicités, dit saint Augustin, mais
comme des secours et des consolations de cette misérable vie ; de là je conclus que, puisque c'est Dieu qui
les donne, il les donne pour quelque fin, et les destine
à quelque usage, et que c'est pour quelque importante

raison qu'il les accorde aux riches, et qu'il les refuse aux pauvres.

Quelles sont donc cette raison et cette fin ? Soyez-en vous-mêmes les juges. Est-ce pour satisfaire les passions de l'homme, et non pas les devoirs de l'humanité ? Est-ce pour entretenir l'orgueil et l'avarice des uns, et pour lasser l'humilité et la patience des autres ? Est-ce pour fournir de matière à votre luxe et à vos intempérances, aux dépens de ceux qui souffrent la faim, la soif et la nudité ? Est-ce pour dissiper vos biens en dépenses superflues par une profusion indiscrète, et non pas pour en faire part à ceux qui en manquent, par une dispensation charitable ? Est-ce pour affliger les malheureux, et pour leur faire mieux sentir le poids de leur nécessité, par la comparaison de notre abondance ? Est-ce pour repaître les yeux du peuple de l'éclat de ces richesses que vous lui avez peut-être volées, et pour lui faire voir jusqu'où peut aller la dissolution d'un prodigue ou l'insensibilité d'un avare ?

A Dieu ne plaise que nous ayons des pensées si basses et si indignes de sa providence. Ce serait accuser Dieu d'aveuglement ou de préoccupation pour les riches ; d'injustice ou de cruauté pour les pauvres ; et le rendre responsable de la misère des uns, et complice des péchés des autres. Non, non, l'intention de Dieu, en faisant des riches, c'est de les rendre charitables. Il les choisit pour être les instruments de ses miséricordes, et les canaux par où doivent couler ses grâces extérieures dans son Eglise ; ce n'est pas un conseil qu'il leur donne, c'est une loi et une nécessité qu'il leur impose.

Pour vous convaincre de cette vérité, je n'ai qu'à recueillir ici les noms que l'esprit de Dieu donne à l'aumône dans ses Ecritures. Tantôt il l'appelle une dette : Ecoute la voix du pauvre, et rends-lui ce que tu lui dois ; comme s'il disait : ce n'est pas une libéralité ni une gratification de bienséance que vous faites, c'est un paiement de justice et de rigueur. Ce n'est pas du fond de vos biens que vous tirez ce que vous donnez, c'est du fond de la providence de Dieu ; et si, par votre compassion et par votre tendresse, vous en faites un présent volontaire, dans l'intention de Dieu, c'est une obligation indispensable. Les pauvres que vous assistez sont donc des créanciers que vous satisfaites. Or souffrez-vous que vos débiteurs vous paient à leur fantaisie ? Leur donnez-vous la liberté d'oublier ce qu'ils vous doivent ? Supportez-vous patiemment que, tandis qu'ils vous retiennent votre nécessaire, ils s'épuisent en folles dépenses ? Est-ce par forme de conseil que vous leur proposez de s'acquitter en votre endroit ? Ne les citez-vous pas devant les tribunaux ? Ne leur faites-vous pas expier dans l'horreur des prisons la peine de la lenteur, ou de l'impuissance où ils se sont mis de vous contenter ? Pouvez-vous croire que Dieu demande moins de fidélité et d'exactitude de vous que vous n'en demandez des autres ?

Tantôt il lui donne le nom de justice, pour nous apprendre qu'à proprement parler; ce n'est pas donner aux pauvres ce qui est à nous, que c'est leur rendre ce qui est à eux; qu'autrement ce serait entreprendre sur leurs droits, et les frauder de ce qui leur appartient; que, comme il y a un larcin d'oppression par lequel on fait les pauvres, il y a un larcin de détention par lequel on refuse d'assister ceux qui le sont, ce qui est également injuste, également criminel. Tantôt il l'appelle une restitution de grâce. C'est une grâce que Dieu fait aux pauvres, aussi bien qu'à vous, quand il vous donne du bien. C'est un dépôt qu'il vous met entre les mains pour le faire passer en celles des pauvres; il regarde ce que vous en ferez. Quoiqu'il n'ait pas besoin d'avoir quelqu'un qui lui aide dans les effets de sa miséricorde, il a pourtant voulu, dit saint Léon, secourir les hommes par les hommes, afin d'éprouver la fidélité des uns dans leur administration, et la patience des autres dans leur besoin. Or, comme il n'y a rien dans la société de si contraire aux lois et à la bonne foi que de retenir un dépôt qu'on nous a confié, il n'y a rien de si contraire à la piété et à la religion que de se prévaloir pour soi d'un bien qu'on n'a que pour le communiquer aux autres.

Enfin, saint Paul appelle l'aumône un tribut : c'est un tribut que Dieu demande aux riches sur les richesses qu'il leur a données. Comme le prince temporel a droit d'imposer une redevance sur les fiefs dont il investit un particulier, pour marque éternelle qu'il le tient de lui, Dieu, qui est le maître absolu des richesses, ne peut-il pas, en les donnant aux uns à l'exclusion des autres, y mettre dessus le droit de l'aumône, qui marque que c'est de sa main qu'on les a reçues, et si c'est une ingratitude et une rébellion intolérable à un vassal de contrevenir aux conditions que son seigneur lui a imposées, n'est-ce pas une infidélité punissable aux chrétiens de ne pas accomplir ce qui leur est ordonné? De tout cela il s'ensuit qu'il n'est pas permis de jouir de son bien comme on veut, et que ce n'est pas un conseil ni une bienséance, mais un commandement et une nécessité d'assister les pauvres dans leur misère.

C'est un effet de la bonté et de la sagesse de Dieu, dit saint Chrysostome, d'avoir fait de l'aumône chrétienne un moyen nécessaire pour le salut. Ce fond de miséricorde et de charité aurait été mal assigné sur le bien des riches, si Dieu ne l'eût pas exigé lui-même. Insensibles aux malheurs d'autrui, et renfermés dans l'amour d'eux-mêmes, ils se seraient comme endormis dans ce calme trompeur et dans cette fausse paix que donnent presque toujours la prospérité et l'abondance. La cupidité n'eût point eu de bornes; le nécessaire et le superflu se fussent confondus ensemble; celui qui n'eût point senti de misère, n'eût point eu de pitié des misérables; et chacun eût été d'autant plus inhumain, qu'il se fût estimé libre de l'être, et qu'il eût trouvé dans le défaut de sa charité la sûreté de sa conscience. Hélas! ajoute ce Père, la loi de Dieu, toute sainte et rigoureuse qu'elle est, ne peut arrêter la licence des hommes; et l'aumône, quelque raisonnable et commandée qu'elle puisse être, ne trouve presque plus de chrétien qui l'observe. Qu'aurait-ce été si Dieu l'eût laissée au choix et à la volonté des particuliers, et s'il n'en eût fait qu'un moyen de perfection à laquelle peu de gens aspirent, et non pas un moyen absolu de salut auquel tous les riches sont obligés ?

Ce précepte est fondé sur cette providence commune que Dieu est obligé d'avoir pour toutes ses créatures et dont il a chargé les riches à l'égard des pauvres. Ils sont faits pour aller au devant l'un de l'autre, dit l'Ecriture, et pour se prévenir par une correspondance réciproque. La raison qu'elle en donne, c'est que le Seigneur est le créateur de l'un et de l'autre. Il a créé le riche, afin qu'il rachète ses péchés en secourant le pauvre. Il a créé le pauvre, afin qu'il s'humilie par le secours qu'il reçoit des riches. Ils ont été comme entrelacés dans la société civile, afin que par des offices mutuels ils puissent s'entr'aider, non-seulement pour les commodités de la vie présente, mais encore pour leur salut, en se sanctifiant, les uns par une libéralité honnête, les autres par une humble reconnaissance. Quoi qu'il en soit, les pauvres appartiennent à Dieu aussi bien que vous, et plus que vous, parce qu'ils sont non-seulement les créatures de Dieu, comme vous l'êtes, mais encore ses nouvelles créatures, formées sur l'image de Jésus-Christ, et rendues conformes à sa vie humiliée et pénitente. Il est donc de la Providence de les assister, et il est de votre religion de vous charger à leur égard des soins de la Providence. Autrement, c'est faire injure à leur créateur et au vôtre, et lui reprocher qu'il abandonne ses créatures au hasard, au caprice et à la discrétion des hommes ; qu'il les traite comme des enfants exposés à la pitié des passants par un père impitoyable, comme des malheureux à qui l'on interdit le feu et l'eau, pour qui le ciel est d'airain, la terre stérile, et toute la nature inutile : ce sont les termes de l'Ecriture. Y a-t-il rien qui répugne davantage à la bonté et à la justice de Dieu ? Il faut donc nécessairement reconnaître que, dans ces biens que vous croyez qui vous appartiennent entièrement, il y a une portion pour les œuvres de miséricorde et de charité, qu'il ne vous est pas permis de détourner ni d'employer à d'autres usages ; que ce qu'il y a de superflu pour nous est dû à l'entretien des pauvres, et ne dépend ni de votre disposition, ni de votre liberté; et que, comme il y a un fond de la providence particulière qui vous a comblé de ses grâces, il y a aussi un fond de la providence commune qui vous a donné en garde la part des pauvres.

Pour entendre ceci, il faut remonter à l'origine de ce droit. Il est certain que Dieu créa le monde, avec cet ordre, que toutes choses fussent communes; et que cette police se serait maintenue dans la nature, si les hommes se fussent conservés dans leur innocence. Comme ils seraient nés dans une même condition, ils auraient tous eu la même fortune. La terre leur aurait servi de patrimoine universel, où tous avaient droit, et où chacun aurait eu part également. Ils auraient borné leurs désirs à la simple nécessité de la nature, qui se contente de peu, et qui d'elle-même n'est ni ambitieuse, ni intéressée. Vivant ainsi dans une honnête et innocente frugalité, sans être en peine ni de chercher le nécessaire, ni de se passer du superflu, ils auraient joui paisiblement des biens de Dieu, et n'auraient eu ni la sollicitude des richesses, ni les chagrins de la pauvreté. Mais cette police ayant été renversée par le péché, l'inégalité des biens et des conditions s'est introduite parmi les hommes.

La raison a voulu qu'on eût cette condescendance nécessaire pour la cupidité de quelques-uns, afin d'éviter les contestations et les injustices tumultuaires de tous; et Dieu même, par une admirable disposition de sa sagesse, qui des désordres apparents sait tirer l'ordre quand il lui plaît, a permis que les uns naquissent dans l'abondance, les autres dans la pauvreté : en sorte que les uns se regardent comme les ministres de sa miséricorde, les autres comme les sujets de sa providence. Or, il y aurait de l'injustice en ce partage inégal; il serait contraire à l'ordre et à la raison naturelle, et au dessein de Dieu même, si les uns possédant tout, les autres ne possédaient rien. Ce serait une espèce de tyrannie d'avoir ainsi dépouillé les pauvres de cette possession qu'ils avaient commune avec le reste des hommes. Si cette division s'est faite pour la justice et pour l'utilité commune, il est aisé de conclure que tous les biens superflus, encore que par le droit des gens ils soient aux riches qui les possèdent quant à l'administration et à la propriété, appartiennent de droit naturel, quant à l'usage, aux pauvres qui sont dans la nécessité, afin, dit saint Paul, que l'égalité se rétablisse en quelque sorte, ou que du moins il n'y ait pas entre eux une si prodigieuse différence.

Car, messieurs, pourquoi faut-il que dans vos vastes et superbes maisons, sous des lambris d'or et d'azur, entre votre orgueil et votre mollesse, vous vous fassiez comme un printemps perpétuel dans les saisons les plus rigoureuses, pendant qu'un pauvre cherche en vain une misérable retraite pour se défendre des injures de l'air? Pourquoi faut-il que vos buffets gémissent sous le poids de tant de vases précieux que vous étalez, et qui ne servent qu'à montrer votre vanité et à irriter celle des autres, pendant qu'un pauvre n'a pas un vaisseau de terre pour l'usage nécessaire de sa vie? Pourquoi faut-il que vous reposiez dans ces lits plus richement parés que des autels, où vous sacrifiez à la volupté et à la paresse, pendant qu'un pauvre, couché sur la dure, peut à peine trouver, dans quelques moments de la nuit, à se délasser des peines de la journée? Rapprochez-les de vous, rapprochez-vous d'eux; et, si vous ne pouvez vous défaire de tant de choses inutiles et superflues qui contribuent à votre félicité imaginaire, au moins fournissez-leur ce qui peut adoucir leur malheur et soulager leur pauvreté. Autrement vous violez les lois de la Providence, qui vous avait choisis pour être les dispensateurs de ses richesses.

Dieu pouvait bien se charger lui-même de leur donner ce qui leur était nécessaire, et les mettre en état de se passer de vos aumônes, mais il a voulu tempérer sa toute-puissance, et nous donner sa miséricorde à exercer les uns sur les autres. Les saints Pères donnent trois raisons de cette conduite : la première, c'est pour entretenir l'union des fidèles, en les liant ensemble par ce commerce de charité, en sorte que les uns, reconnaissant l'ordre qu'ils ont reçu d'assister leurs frères, s'attachent à eux par une affection sincère et par une générosité chrétienne; et que les autres, voyant la dépendance dans laquelle ils sont de leurs frères, s'attachent à eux par une sainte confiance; et que, touchés également par le plaisir qu'on a de faire du bien, ou par la reconnaissance qu'on a d'en avoir reçu, ils se louent, ils s'aiment, ils se sanctifient.

Or celui qui a de la substance de ce monde, et qui tient ses entrailles fermées à la nécessité de son frère, peut-il croire que la charité de Dieu soit en lui? Quand sera-t-il attendri, s'il ne l'est à la vue de ce mendiant qui n'a plus qu'un souffle de vie; de ces orphelins à qui l'on vient de ravir les restes de leur héritage; de ces misérables que la perte d'un procès et l'iniquité d'un juge ont réduits au désespoir; d'un débiteur qu'un créancier impitoyable suffoque en lui disant : Rends ce que tu dois; d'un malade en qui la douleur et la pauvreté disputent ensemble à qui lui donnera le coup mortel? Quelle occasion plus pressante trouvera-t-il pour assister son prochain, que la faim, la soif, l'infirmité et le péril de la mort, non seulement du corps, mais encore de l'âme?

C'est détruire l'union et la charité, non-seulement en soi, mais encore dans le cœur des autres. Croient-ils pouvoir être aimés par ceux qu'ils abandonnent ainsi? Ont-ils l'âme assez tendre pour tenir contre cette inhumanité ? Offriront-ils leurs prières pour vous qui ne voulez pas écouter les leurs ? Vous souhaiteront-ils du bien dès qu'ils s'apercevront que vous ne voulez pas leur en faire? Verront-ils d'un œil indifférent vos équipages magnifiques, vos tables somptueuses, tandis qu'ils ne peuvent obtenir de vous un morceau de pain ? Se voyant méprisés, ils murmureront contre vous; vous voyant insensibles à leur misère, ils seront sensibles à votre dureté. Vous leur ferez perdre par votre faute, et le secours de vos aumônes, et le mérite de leur patience : et vous perdrez les uns et les autres cette charité qui est le lien de la perfection et de la société chrétienne.

La seule raison pour laquelle Dieu vous a fait le dispensateur de ses biens à l'égard des pauvres, c'est, dit saint Léon, afin que les légitimes actions de grâces soient rendues au maître pour les offices de sa piété, dont on voit les œuvres dans ses serviteurs. Comme il a dessein que ses bienfaits soient répandus sur tous les hommes, il est juste que toutes leurs voix lui fassent comme un concert de bénédictions et de louanges ; en sorte qu'ils le remercient et le louent tous en commun : les uns de ce qu'ils reçoivent; les autres, de ce qu'ils ont de quoi donner. Or, si le pauvre ne reçoit rien, il semble qu'il est déchargé de la reconnaissance, que Dieu exige de tous les hommes. Il se plaindra, et il aura droit de se plaindre. S'il bénit Dieu, il le bénira tristement ; il le regardera comme un juge sévère qui le châtie, et non pas comme un père amoureux qui le nourrit.

Ainsi toutes les fois que vous refusez de faire part de vos biens à ceux qui en ont besoin, vous ôtez à Dieu un hommage et une reconnaissance qu'on lui rendrait. Vous êtes mauvais riches, parce que vous n'usez pas de vos richesses conformément aux lois et aux desseins de sa providence. Vous faites de mauvais pauvres, parce que, les privant, des secours que raisonnablement ils pouvaient espérer de vous, vous les jetez dans l'impatience et dans le murmure. Vous ne glorifiez pas Dieu en vous, parce que vous ne faites pas de vos biens l'usage honorable qu'il vous avait ordonné d'en faire; vous ne le glorifiez pas en la personne des autres, parce que vous ne leur faites pas ressentir les grâces qu'il a destiné de leur faire ; et, par un double sacrilège, vous dérobez aux pauvres le bienfait de Dieu, et vous dérobez à Dieu, qui est le bienfaiteur, la reconnaissance qu'il devait attendre du pauvre.

La troisième raison pour laquelle Dieu a voulu assister les hommes par les hommes, c'est afin de leur apprendre à se détacher des biens temporels; ce qui est un des points essentiels de la religion chrétienne. Saint Paul nous enseigne qu'il faut les avoir comme ne les ayant pas, les posséder comme ne les possédant pas en user comme n'en usant pas ; c'est-à-dire, être disposé à les perdre ou à les abandonner pour Jésus-Christ, quand l'occasion s'en offrira. Pour les pauvres, ils ne voient rien dans le monde qui ne les détache du monde. Comme ils manquent de tout ils ne peuvent tenir à rien. Quand il leur échapperait quelque désir désordonné d'avoir les biens que vous avez, leur cupidité vaine et impuissante se réprime d'elle-même. Quelque envie qu'ils eussent de la commodité et de l'abondance, vous les accoutumez assez, par votre peu de charité, à s'estimer heureux d'avoir à peu près ce qui leur est précisément nécessaire. Pour vous, qui vivez dans le luxe et la vanité, qu'il est à craindre que votre cœur ne soit où sont vos trésors ! Comment quitteriez-vous vos biens pour Jésus-Christ, puisque vous n'avez pas le courage d'en donner une petite portion pour lui ? Comment souffririez-vous la pauvreté, puisque vous ne pouvez vous résoudre à vous retrancher tant soit peu de votre surabondance ? Montrez que vous n'êtes point attachés, en donnant généreusement aux pauvres ce que vous avez de superflu, pour satisfaire aux obligations que la Providence vous a imposées.

Mais que ne fait-on pas pour éluder ce précepte de la loi de Dieu ? Quoiqu'on demeure d'accord que les riches doivent donner aux pauvres ce qu'ils ont de superflu, on raisonne tellement sur ce superflu, on confond tellement la nécessité réelle de la raison et de l'équité avec une nécessité imaginaire de l'orgueil et l'ambition, qu'on en conclut ensuite aisément que les riches ne sont presque plus obligés de faire l'aumône, parce que la règle, ou plutôt le dérèglement du siècle, non seulement ne leur laisse rien de superflu dans leurs biens, mais à peine leur permet-il d'y trouver le nécessaire. De là viennent ces plaintes qu'on a souvent dans le monde : Notre revenu nous suffit à peine. Quand on est d'une certaine condition, on n'a jamais de bien de reste ; les dépenses sont excessives, la qualité et la naissance nous sont à charge, et la fortune nous consomme tout le bien qu'elle nous a fait.

Ainsi ils prennent pour prétexte du péché qu'ils

font contre la Providence, cette même Providence qui les a mis dans quelque rang ou dans quelque emploi élevé au-dessus des autres et s'imaginent qu'ils sont dans l'impuissance d'être charitables, parce qu'ils se sont imposé une volontaire nécessité d'être ambitieux et d'être superbes. Il faut que je détruise ici en peu de mots cette chimère de condition. Je sais que comme il se trouve diverses demeures dans la maison du Père céleste, il se trouve de même plusieurs états dans le royaume visible de Jésus-Christ; qu'il y a une décence et une splendeur de condition, selon la naissance ou les emplois de chacun, que l'Ecriture même approuve, quand on les règle par la loi de Dieu et par la prudence chrétienne, et qui fait parmi les hommes une distinction et une magnificence nécessaires pour autoriser la vertu et pour attirer le respect des peuples.

Mais y a-t-il aujourd'hui quelque pudeur et quelque retenue sur ce point? Chacun s'estime, non pas tel qu'il est, mais tel que sa vanité lui figure d'être. Il s'est glissé dans le monde un malheureux esprit d'émulation qui porte à se distinguer des égaux, à s'égaler aux plus élevés, et à ne céder à personne. Quand on n'est pas né grand, on s'agrandit de sa propre autorité; on grossit l'équipage, on multiplie la dépense, on se mesure par sa cupidité, non pas par sa raison. Les grands et les petits s'habillent presque de même; le luxe et la vanité n'ont plus de bornes; et par un dérèglement que les lois humaines et divines n'ont pu corriger jusqu'ici, chacun se fait de ses propres vices des vertus de sa condition. Qui les réduirait à leur naturel, leur retrancherait bien de ce faste et de ce train qu'ils se donnent injustement, et trouverait bien de quoi fournir aux besoins et aux nécessités des pauvres.

Mais je veux que vous soyez nés dans la fortune, et que vous soyez dans les dignités et dans les charges, où il faut vivre honorablement : ne sauriez-vous vous y soutenir que par des profusions et des dépenses excessives? Une des principales erreurs qui règnent aujourd'hui dans le siècle, c'est qu'on fait consister l'honneur et la réputation, non pas dans les devoirs essentiels de la condition, mais dans les richesses qu'on croit nécessaires pour la soutenir. Un juge, un magistrat, le dirai-je ? peut-être un ministre même de Jésus-Christ, comptent la dépense qu'ils peuvent faire, non pas les talents dont ils ont besoin. Comme s'ils devenaient plus vénérables par cette pompe extérieure que par leur probité, leur religion et leur désintéressement ; et comme s'il était plus glorieux pour eux de montrer leurs richesses que de les distribuer à ceux qui en ont besoin.

Car enfin, notre première et plus importante condition est celle du chrétien ; et la règle et la mesure de nos actions se doivent prendre de l'Évangile, non pas de ces traditions humaines dont on se sert contre les commandements de Dieu, depuis qu'on a entrepris d'altérer sa sainte parole par des subtilités étudiées, et de réduire en art le relâchement des mœurs et l'affaiblissement de la discipline. Consultez donc l'Évangile, qui est infaillible, dressez là-dessus le plan de votre vie et de votre dépense ; donnez-lui toute l'étendue que vous y pourrez raisonnablement trouver pour régler cet état de chrétien. Vous assignera-t-il un fonds pour la pompe et pour les vanités du monde ? La première promesse que vous avez faite à votre baptême, c'est d'y renoncer. Vous accordera-t-il la dispense d'employer vos biens au luxe des habits, à la délicatesse des tables, à la recherche des plaisirs ? Vous y verrez la condamnation expresse d'un mauvais riche. Vous laissera-t-il une portion de vos richesses, pour acheter les vaines espérances de la fortune, pour nourrir votre ambition par des magnificences extravagantes, pendant que vos créanciers meurent de faim ? La loi de Dieu n'autorise pas l'injustice, ni la vanité.

Vous conseillera-t-il d'amasser des trésors pour des besoins incertains, pour des prétextes avares, pour des bâtiments et des meubles précieux au delà de toute mesure ? Il vous avertit au contraire d'amasser pour le ciel des trésors spirituels, qui ne peuvent nous être ravis par la fortune ; dont l'acquisition est juste, la conservation facile, et la jouissance éternelle. Or, retranchez de tous les états ces dépenses profanes et superflues, et réduisez ces excès de la cupidité à cette règle morale et chrétienne, vous verrez quelle sera l'abondance des riches. Non-seulement ils vivront honorablement, ils auront même sans s'incommoder de quoi faire aux pauvres de grandes largesses. Si cela est, direz-vous, le nombre des élus sera petit. Jésus-Christ ne l'a-t-il pas prédit lui-même? Il s'ensuivrait que les riches seraient difficilement sauvés. Jésus-Christ ne l'a-t-il pas assuré, parce qu'ils pèchent contre sa providence et contre sa miséricorde? C'est ma seconde partie.

DEUXIÈME POINT

Quoiqu'il n'y ait rien de plus convenable à l'homme que d'être touché des misères et des infirmités humaines; quoiqu'un instinct secret de la nature attendrisse nos cœurs pour les malheureux, et nous porte à les plaindre et à les soulager dans leurs malheurs; quoique la raison, et souvent même l'amour-propre, par des principes d'équité ou par des vues et des retours sur nous-mêmes, nous engagent à compatir aux maux que ressentent nos frères, et que nous pouvons ressentir aussi, Dieu n'a pas laissé d'en faire un des principaux devoirs de sa religion.

L'Écriture sainte nous enseigne que celui qui négligera son prochain sera odieux à Dieu et aux hommes et que celui qui aura compassion des pauvres sera bienheureux. Elle nous assure que les deux moyens les plus sûrs, pour obtenir le pardon de nos péchés, sont la foi et la pitié. Elle nous représente que c'est en cela que consiste la générosité chrétienne et que, comme c'est le propre de Dieu d'être miséricordieux et charitable, c'est aussi le propre des justes d'être sensibles aux besoins et aux afflictions des pauvres : avec cette différence, que la charité de Dieu est infinie et que sa miséricorde s'étend sur toute la nature au lieu que la miséricorde de l'homme est bornée et ne tombe que sur le prochain. Elle nous fait souvenir que les fidèles ne font qu'un corps en Jésus-Christ; qu'ils sont unis entre eux par la foi des mystères, par l'usage des sacrements, par les lois d'une discipline commune ; et qu'ainsi, étant enfants d'un même père, membres d'un même corps, et serviteurs d'un même maître, ils doivent compatir les uns aux autres et s'assister mutuellement s'ils veulent que Dieu les assiste.

Il y a des choses que Dieu distribue aux hommes en ce monde, la grâce et les biens temporels. Par l'une, il fait les justes; par les autres, il fait les riches : par l'une, il pourvoit aux nécessités de l'âme; par les autres, il pourvoit aux nécessités du corps; et, quoique la différence de ces deux sortes de bienfaits soit considérable, il est certain que la charité est la source et le principe de l'une et de l'autre. Or, il faut pour chacun de ces biens un tribut à part, et une reconnaissance particulière proportionnée à l'obligation; autrement ce serait une ingratitude qui non-seulement arrêterait le cours de cette bonté souveraine sur vous, mais qui vous attirerait son indignation et sa colère. Il est donc juste, dit saint Augustin, que la charité de Dieu lui soit payée en quelque façon par la nôtre; car il n'y a rien qu'on puisse rendre pour l'amour, que l'amour même. Les richesses d'ailleurs étant un don de sa miséricorde, c'est aussi par la miséricorde qu'il faut les conserver, en les distribuant à ceux qui sont dans la nécessité et dans l'indigence. Tel est l'ordre de Dieu à l'égard des hommes ; telle doit être la conduite des hommes à l'égard de Dieu.

C'est pour cela que Jésus-Christ, dans son Evangile, nous commande non-seulement d'être miséricordieux et charitables, mais encore de l'être comme notre Père céleste l'est : voulant que sa bonté soit la règle de nos devoirs, et que nous fassions le même usage qu'il fait lui-même de sa charité. Par là il fait voir que ce commandement est juste, puisqu'il l'autorise par son exemple; qu'il est important, puisque lui, qui en est la fin, veut bien en être le modèle; qu'il est raisonnable, puisqu'il n'exige de nous que ce qu'il fait tous les jours pour nous. Or, les fonctions de la miséricorde de Dieu sont de veiller avec soin sur nos besoins; de regarder avec pitié nos misères; de les soulager avec abondance. Toutes nos obligations par conséquent sont de nous informer des besoins de nos frères, d'en être sincèrement touchés et de les secourir généreusement.

Je dis qu'il n'est pas permis de vivre en repos et dans l'indifférence à l'égard de notre prochain; que ce n'est pas assez de l'assister par hasard ou par caprice, lorsque, par quelque accident imprévu, il attire sur lui nos regards, ou que par de longues importunités il nous arrache quelque aumône. L'Ecriture sainte nous apprend qu'il faut avoir les yeux ouverts, non-seulement pour voir les nécessités qui se présentent et que nous connaissons, mais encore pour les rechercher et pour les découvrir avant que nous les ayons connues : et saint Bernard nous enseigne qu'il y a dans le cœur des véritables serviteurs de Dieu une espèce de miséricorde inquiète et curieuse, qui songe à tous les maux qu'on peut souffrir, à tous les biens qu'elle peut faire; qui voudrait non-seulement soulager tous les besoins, mais encore les prévoir et les prévenir; qui se reproche tout ce qu'elle n'a pas su ; qui s'impute tout ce que les autres ont enduré; et qui, ne négligeant rien, et veillant sur tout, imite cette providence universelle et cette miséricorde infinie qui sont chargées du soin et de l'assistance du monde. Ce sont ces hommes de miséricorde, dont parle le Sage, qui, remplissant tous les devoirs de la piété, soit envers Dieu, soit envers les hommes, ne croyaient jamais avoir assez fait pour le service de l'un, ni pour le soulagement des autres, et vivaient dans la crainte continuelle de n'avoir pas donné assez d'étendue à leur charité, tant ils étaient persuadés qu'il fallait prévoir et presque deviner les nécessités et les afflictions des pauvres!

Hélas! messieurs, un des plus saints et des plus sages pontifes, qui aient gouverné l'Eglise de Dieu, ayant appris qu'un pauvre avait été trouvé mort faute de secours, ses entrailles en furent émues. Il pleura ce malheur, comme si c'eût été son crime. Quoique sa conscience ne lui reprochât rien sur ses intentions, il crut que la perte d'un pauvre pouvait être impu tée à tous les riches. Il s'accusa, sinon de dureté, du moins de peu de prévoyance, et s'abstint même durant plusieurs jours de célébrer les saints mystères : ne jugeant pas que celui-là méritât d'avoir part avec Jésus-Christ, qui négligeait ou ignorait les besoins de ses pauvres; et, croyant qu'une main qui avait peut-être manqué de faire une aumône, n'était pas propre à offrir ce redoutable sacrifice, jusqu'à ce que la justice de Dieu, ou pour le moins sa miséricorde, fût apaisée.

Aujourd'hui on voit languir les pauvres presque sous ses yeux, et on se détourne de peur d'être obligé de les assister. Les hôpitaux, que la libéralité de nos pères avait établis, se ruinent par notre avarice. Des communautés, qui servent Jésus-Christ avec ferveur, subsistent à peine de quelques aumônes sollicitées avec soin et ramassées avec peine. On ne veut entrer dans aucun détail et l'on n'entend que trop communément ces tristes et cruelles paroles : Est-ce à moi de réparer les ruines que le temps a faites? Suis-je chargé du soin de tous les pauvres? Dois-je répondre du malheur, et peut-être de la mauvaise administration des hôpitaux?

On ne veut pas même être instruit des raisons qu'on a d'implorer leurs assistances. La plupart se tiennent sur leurs gardes au moindre récit qu'on leur fait des misères publiques ou particulières. Le refus qu'ils font précède les demandes qu'on veut leur faire. Ils regardent la charité qu'on leur propose comme un impôt que l'importunité des pauvres ou le zèle indiscret des dévots vont établir sur leurs richesses. Il faut se servir de pieux artifices pour composer ces assemblées; il faut inviter les uns, attirer les autres, faire valoir les prédicateurs, afin que la réputation du sermon favorise la quête qu'on doit y faire, et que la curiosité détermine ceux que la charité n'aurait peut-être pas ébranlés. Cependant Dieu nous a tous chargés du salut de notre prochain, et le premier soin que nous devons en avoir doit être de l'assister et de lui être utiles.

S'il faut, pour être charitable, vouloir connaître les besoins d'autrui, il faut en être touché quand on vient à les connaître. Saint Augustin, voulant donner une idée de la miséricorde, la définit ainsi : C'est un attendrissement de l'âme sur les misères d'autrui, et une inclination de secourir les misérables. Ainsi cette vertu a deux actions qui lui sont propres : une intérieure qui touche le cœur, l'autre extérieure qui anime la main; l'une qui attire la compassion, l'autre qui attire le secours. Cette vertu tire sa source de Jésus-Christ même. Dieu, n'étant pas capable d'altération ni de changement, n'est pas sujet à nos émotions. Il punit sans colère; il aime sans empressement; il soulage sans pitié; il a par excellence toutes les vertus de nos actions, et n'a pas l'infirmité de nos passions; et, si l'Ecriture nous dit qu'il est touché de nos misères, qu'il souffre avec ceux qui le servent, c'est, ou parce qu'il agit comme nous agissons dans ces passions; ou pour s'accommoder à la capacité de nos esprits; ou pour montrer la grandeur de nos crimes qui l'irritent ou de nos malheurs qui le touchent.

L'homme au contraire a de l'inclination à la pitié, et de lui-même n'a pas le pouvoir du secours. Il est infirme avec les infirmes, mais il ne saurait guérir leurs infirmités. Il est faible avec les faibles, mais il ne saurait fortifier leur faiblesse. Il est attendri sur les malheureux, il ne saurait réparer leur malheur. Mais, Dieu et l'homme s'étant unis en la personne de Jésus-Christ, Dieu y devient capable de compassion, l'homme y devient capable de secours. Ainsi ces deux effets sont inséparables de sa miséricorde : en sorte que la compassion est le principe prochain de l'aumône, et que l'aumône est le fruit nécessaire de la compassion.

Sur quoi saint Grégoire nous enseigne que souvent on se fait un devoir extérieur de l'aumône, et qu'on la donne comme riche et non pas comme charitable; ce qui n'est que la lettre et non pas l'esprit du précepte : parce qu'en donnant notre bien, nous donnons ce qui est hors de nous; au lieu qu'en donnant notre compassion, nous donnons une partie de notre cœur, et ce qui est de plus précieux en nous; et qu'ainsi cette compassion qui accompagne l'aumône est un don plus grand

que l'aumône même : parce que celui qui a cette
tendresse de cœur ne manquera jamais de donner à son
prochain tout ce qu'il peut, et qu'il n'estimera rien
tout ce qu'il lui donne. Or, la plus grande malédiction
des riches, c'est d'étouffer ces sentiments de pitié, et
de former ces entrailles cruelles et insensibles que Dieu
maudit dans ces Écritures. La raison en est évidente :
c'est que, ne souffrant aucune incommodité de la vie, on
ne pense pas à ce qui peut incommoder les autres. Cet
homme qui s'est trouvé en naissant dans l'abondance
des biens que ses pères lui ont acquis ; qu'on a élevé
dans une vie molle et efféminée, accoutumé à toutes les
délicatesses de la vie, entouré de gens qui ne cherchent
qu'à le divertir et à lui complaire ; qui ne fait qu'un
long divertissement de toutes les heures du jour, et qui
n'a pour toute incommodité que le dégoût et la lassitude
de ses plaisirs, sait-il ce que c'est que d'être dépouillé
de tout et de traîner des jours malheureux?

Considérez une de ces dames mondaines accoutumées au luxe, qui ne se repaissent que des plaisirs et
des vanités. Le seul nom de la pauvreté les effarouche.
Parmi ces propretés affectées et cette magnificence
dont elles se piquent, la rencontre d'un pauvre leur
fait horreur. Si on leur parle des misères d'une
prison ou d'un hôpital, leur imagination en est offensée. A peine ont-elles quelques légères indispositions,
qui n'ont souvent pour raison qu'une molle délicatesse et un fade plaisir de se plaindre et d'être plaintes ; comment sauront-elles ce que c'est que de
souffrir sans consolation et sans secours? De là
vient qu'on ne s'occupe pas à prier, parce qu'on a
tout ce qu'on désire. On ne pense presque pas à Dieu,
parce qu'on est comme enveloppé dans soi-même.
On n'agit point par la foi, parce qu'on est enseveli
dans les sens. On est sans miséricorde, parce qu'on ne
veut ni voir, ni connaître les misérables. Accoutumez-
vous à ces tristes objets, pour y devenir sensibles.
Ecoutez sans vous rebuter les plaintes que les pauvres
vous font, ou les relations qu'on vous fait de leur
pauvreté. Visitez quelquefois ces hôpitaux, qui sont

les refuges de tant de sortes de besoins et d'infirmités. Entrez quelquefois dans ces retraites où la honte et la maladie tiennent tant de misères cachées ; et, voyant tant d'objets de pitié, formez-vous un cœur pitoyable.

Mais plusieurs vous diront qu'ils gardent leur tendresse pour leur famille ; qu'il faut songer au plus pressé ; qu'ils ont des enfants dont ils sont chargés, et qu'il faut pourvoir. C'est là le prétexte de la plupart des pères qui s'imaginent qu'ils peuvent être avares pour eux-mêmes, impitoyables pour les pauvres, afin de laisser des enfants successeurs des grands biens qu'ils auront amassés, sans se mettre en peine s'ils en useront bien ou mal. Ne voyons-nous pas tous les jours par expérience que rien ne porte tant la jeunesse au dérèglement des mœurs que cette abondance qui joint au penchant qu'on a de pécher la facilité de le faire ? Ne savent-ils pas en leur conscience que ces richesses, qui ont été le fruit de leurs crimes, seront la matière des débauches de leurs enfants ? Ne vaudrait-il pas mieux qu'au lieu de leur laisser pour héritage la colère du ciel, le mépris des hommes, la haine de leurs injustices, ils leur eussent laissé l'exemple d'une conduite charitable et chrétienne ? Ne vaudrait-il pas mieux attirer sur eux les bénédictions célestes ?

Mais, quand toutes ces raisons ne seraient pas évidentes, il est certain que souvent cette avidité d'amasser n'est pas tant une marque de leur tendresse qu'une preuve de leur avarice. Ce n'est pas le plaisir de laisser du bien, c'est le plaisir d'en jouir qui les touche. S'ils pouvaient l'emporter avec eux après leur mort, ils en frustreraient l'espérance de leurs héritiers ; et s'ils font tant de difficulté de donner aux pauvres, il est aisé de juger que cette dureté vient du défaut de leur charité, non pas du soin de leur famille ; et que leur faute n'est pas de ce qu'ils sont bons pères, mais de ce qu'ils sont mauvais chrétiens.

Enfin, l'accomplissement de la miséricorde chrétienne, c'est le soulagement des pauvres. Ce qui doit nous obliger de les assister dans leurs nécessités, c'est la considération de nos nécessités propres. Ne sommes-nous pas devant Dieu ce qu'ils paraissent devant nous ? N'avons-nous pas besoin de l'assistance continuelle de sa grâce ? Ne lui demandons-nous pas avec humilité notre pain de tous les jours ? Ne frappons-nous pas incessamment à la porte de sa miséricorde ? Que sont toutes nos prières, que des déclarations sincères de nos nécessités spirituelles ? Ne sentons-nous pas que notre âme, comme une terre sèche, attend le secours des célestes rosées ? Que s'il est vrai, et il l'est puisque Jésus-Christ nous l'enseigne, qu'on se servira pour nous de la même mesure dont nous aurons mesuré les autres, avec quel front oserons-nous espérer de Dieu ce que nos frères ne peuvent obtenir de nous, et quel sera le succès des vœux que nous lui ferons, puisque nous méprisons ceux qu'il nous fait en la personne de ses pauvres ? D'où je conclus que c'est pécher contre sa miséricorde que de ne pas assister les pauvres ; mais c'est encore pécher contre sa justice.

TROISIÈME POINT

L'Écriture sainte ne parle presque jamais des richesses que comme des objets de la justice de Dieu. Si on les regarde dans leur source, elles sont presque corrompues. Qui ne sait que d'ordinaire elles sont le fruit de l'iniquité de ceux qui les ont amassées ? Qui ne sait qu'elles ne croissent qu'avec peine, et qu'elles se répandent comme d'elles-mêmes, quand elles sont entre les mains des gens de bien ? Qui peut s'assurer qu'elles sont venues jusqu'à lui par des voies toutes justes ; et qu'elles n'ont passé que par des mains pures et innocentes ? Qu'il est à craindre qu'on ne puisse dire à tous les riches ce que le Prophète leur disait de son temps : vous avez dans votre maison du bien des pauvres ; que les libéralités qu'ils croient faire ne soient pas même des restitutions entières ; et que quelques pauvres qu'ils assistent, ils n'en nourrissent pas encore autant que leurs pères en auront fait ! Si vous considérez leurs effets, elles animent

toutes les passions, elles tirent du fond des cœurs les
mauvaises inclinations qui y étaient comme endormies;
et, par la facilité qu'elles donnent à faire le mal, elles
réveillent le penchant qu'on a de le commettre. Si vous
en regardez l'usage, qui est-ce qui ne les dissipe pas,
qui ne les répand pas en vanités, ou ne les retient pas
comme captives dans une possession inutile ? Ainsi,
elles sont presque toujours contraires à la loi de Dieu,
lorsqu'on ne les distribue pas en charités et en aumônes ;
et vous direz tant qu'il vous plaira : Je n'ai point du
bien d'autrui, et n'en désire pas même. J'use de celui
que Dieu m'a donné, et je puis en user à ma discrétion.
Je dis qu'il ne vous est pas libre d'en user ainsi, parce
que l'aumône de votre superflu n'est pas un conseil,
mais un précepte.

Trois choses distinguent les commandements des
conseils. Premièrement, lorsque l'Ecriture use du mot
de commander : parce que cette expression d'autorité
marque une précise nécessité d'obéir. Secondement,
quand elle menace de l'enfer : parce que cette condamnation marque une infraction formelle de la loi.
Troisièmement, quand l'exécution est ordonnée à tous
indifféremment : parce que c'est une marque d'une
obligation commune et indispensable. Or, je dis que
Dieu commande aux riches en termes formels de faire
l'aumône ; que c'est sous peine de damnation, et que
c'est à tous les riches qu'il le commande. Ce fut l'ordre
que Dieu donna dans le Deutéronome : Je vous commande de donner l'aumône aux pauvres et à ceux qui
en ont besoin. Il se sert de toute l'autorité de maître.
Il ordonne comme ne voulant point en dispenser, et il
établit le droit du pauvre par le droit de puissance qu'il
a sur tous les hommes. C'est par cette même puissance
que saint Paul veut que Timothée commande aux
riches du siècle de donner abondamment et de se faire
un trésor pour le ciel du don qu'ils feront des biens de
la terre : Ordonnez aux riches de ce monde d'être
bienfaisants....; de s'acquérir un trésor et de s'établir
un fondement solide pour l'avenir.

Qui est-ce qui peut douter que Dieu menace de

l'enfer ceux qui manquent à cette charité? Je n'ai qu'à
rapporter ici la parabole dont Jésus-Christ se sert
dans son Evangile. Représentez-vous cet homme
riche qui, dans la joie sensible de sa prospérité, se
voyait au milieu des commodités de la vie, et s'entrete-
nait, ce semble, innocemment de son bonheur avec lui-
même. Le seul embarras qu'il a, c'est que ses maisons,
quoique vastes, n'ont pas d'espace assez grand pour
contenir l'abondance des fruits qu'il a recueillis. Que
ferai-je, car je n'ai point de lieu où je puisse serrer
tout ce que j'ai à recueillir? Mais il se détermine
bientôt. Voici, dit-il, ce que je ferai. Il pense à bâtir
des maisons. Il se dit à lui-même : Voilà de quoi vivre
splendidement; jouissons tranquillement et sans inquiétude des biens que nous avons amassés pour plusieurs années. Voilà l'image d'un homme aisé, qui
semble n'être coupable de rien, et n'avoir tout au plus
que le malheur, presque inévitable à tous ses pareils,
d'être enivré de sa fortune et de chercher ses commodités qui se présentaient d'elles-mêmes. Ses désirs
étaient conformes à la prudence de la chair et à la
sagesse du siècle.

Il ne se propose pas d'employer ses biens à former
des factions et des cabales dans la république, pour
opprimer les faibles et ruiner ses ennemis. Il ne va pas
couper la haie qui sépare son champ de celui de son
voisin pour étendre les limites de sa terre, et pour
accroître d'un héritage étranger celui qu'il avait reçu
de ses pères. Il ne prétend pas absorber le bien des
particuliers par des prêts usuraires ou par des extor-
sions violentes. Il ne propose pas des partis, et ne
cherche pas les moyens de rendre sa patrie tributaire de
son ambition, et d'établir sa maison sur la ruine générale de toutes les autres. Il ne prend pas les conjonctures
du temps et des affaires pour troubler le repos des gens
de bien par des procès soutenus à force d'argent, et
pour dépouiller d'anciennes familles de leurs biens héré-
ditaires pour donner des titres honorables à tous les
cadets de la sienne. Il ne veut pas même se rendre
odieux par un faste déréglé, ni méprisable par une

avarice sordide. Il ne songe qu'au plaisir de jouir.

Il n'est point dit que ses biens fussent mal acquis, ou qu'il en usât pour ses débauches ; qu'ils fussent le fruit ou la matière de ses injustices. Il ne veut que mener une vie presque ordinaire à tous les riches ; bâtir, s'habiller, se nourrir, se satisfaire par l'usage délicieux des commodités et des richesses superflues. Il n'en vient pas même à l'exécution, il s'arrête à la volonté. Cependant il est cité, la même nuit, devant le tribunal de Dieu. Insensé que tu es, on s'en va te redemander ton âme cette nuit même. Mais peut-être est-ce un exemple extraordinaire, et une punition sans conséquence ; peut-être est-ce un homme que Dieu sacrifie à sa justice, pour retenir les autres dans le devoir par une crainte salutaire ? Non, messieurs, c'est une loi établie, inviolable, générale ; Jésus-Christ y ajoute une conclusion terrible : il en arrive de même à tous ceux qui sont riches pour eux et non pas pour Dieu.

Dites après cela que vous avez du bien : et que ce n'est que pour en user ; que vous ne voulez pas de celui des autres ; mais que vous vous réservez le droit d'employer celui que vous avez amassé ; et sur ce prétexte croyez-vous innocent tant qu'il vous plaira. La vérité vous enseigne que vous vous amassez un trésor de colère et de vengeance pour le jour du jugement, et peut-être même pour ce monde. Ne voyons-nous pas tous les jours ces richesses amassées à la hâte, se dissiper sans qu'on s'en aperçoive. J'ai vu, dit le Prophète, des impies élevés ; j'ai repassé, et ils n'étaient plus. Après avoir servi de spectacle de vanité à la vanité des hommes, ils deviennent les spectacles publics des révolutions humaines. La vie est pleine de ces exemples. Ils se sont élevés sur les ruines des autres, d'autres s'élèveront sur les débris des leurs. Comme ils avaient opprimé les faibles, ils deviennent la proie de ceux qui sont plus puissants qu'eux ; et, par un jugement terrible, mais équitable, après avoir eu l'orgueil des richesses, ils attirent sur leurs seconds ou troisièmes héritiers la honte d'être déchus de leur bonheur, et d'être tombés dans la pauvreté.

Mais, quand ces jugements de Dieu ne s'exerceraient pas dès ce monde, que répondront-ils, lorsqu'au terrible jour de la colère, le sang des pauvres criera vengeance contre eux ? Jésus-Christ fondera l'arrêt éternel de leur condamnation sur le défaut de leur charité, et sur ce qu'ils n'auront pas assisté ceux qui auront eu faim ou soif. Que répondront-ils quand ils seront accusés par tant de voix ? On comptera jusqu'aux moindres soupirs de ceux qu'ils auront abandonnés ; et ces hommes sans miséricorde seront jetés au feu éternel.

Ainsi vous en arrivera-t-il, à vous qui prenez vos aises, et qui avez vos consolations en cette vie, sans vous mettre en peine des pauvres qui gémissent tous les jours à votre porte ; à vous, qui prenez le bien qui est nécessaire à l'entretien de leur vie, pour le prostituer à votre luxe et pour en faire des trophées de votre vanité ; à vous, qui vous plaignez que les temps sont mauvais et que les charges sont extrêmes, et qui, ne trouvant pas que ce soit une raison pour diminuer votre luxe, en faites pourtant un prétexte pour retrancher de vos aumônes. Sauvons-nous, messieurs ; peut-être le souverain juge n'attend-il plus que cette occasion pour éprouver votre charité ; peut-être que l'aumône que vous ferez aujourd'hui décidera de votre salut éternel ; peut-être la compassion que vous aurez pour ces hommes que Dieu a éclairés des lumières de sa vérité, en les ramenant dans son Eglise, vous attirera un accroissement de foi et une augmentation de charité, qui sera le germe de la gloire éternelle que je vous souhaite. Au nom du Père et du Fils, etc.

La Croix de Saint-Gervasi

Lettre pastorale de Mgr l'Evêque de Nîmes, aux fidèles de son diocèse, au sujet de la Croix de Saint-Gervasi.

Esprit Fléchier, évêque de Nîmes, conseiller du Roi en ses conseils : A tous les fidèles de notre diocèse, salut et bénédiction en Jésus-Christ.

Mes très-chers frères, la réputation d'une croix nouvellement érigée dans une paroisse de notre diocèse, le concours du peuple qui s'y fait tous les jours, la dévotion qui s'y établit, les merveilles qui s'y publient, ont donné lieu à tant de bruits et de raisonnements incertains, que nous croyons être obligés de déclarer ce que nous en savons et ce que nous en pensons, afin que vous sachiez ce que vous en devez croire.

Soit ignorance, soit faiblesse, les enfants des hommes donnent aisément dans la vanité et dans le mensonge ; souvent ils trompent, et souvent ils sont trompés ; les uns jugent sans connaissance, les autres sans discrésion ; les uns croient trop, les autres pas assez ; les témoignages qui sont faux fondent des opinions qui le sont aussi et, suivant la disposition des esprits ou la diversité des croyances, les uns se font un mérite de blâmer et de contredire ce que les autres se font une religion de croire ou de pratiquer. De là vient que la croix instrument de notre salut est encore aujourd'hui scandale aux hérétiques comme aux juifs ; folie aux libertins comme aux gentils ; sagesse et vertu de Dieu à ceux qui sont appelés par la conformité des souffrances de Jésus-Christ à la jouissance de sa gloire.

C'est à nous à qui le Seigneur, par sa grâce, a confié le sacré dépôt de sa foi et de sa vérité, à redresser ces faux jugements en matière de religion. Les saints conciles, mes très-chers frères, nous recommandent d'être attentifs à ces dévotions extraordinaires ; de n'y souffrir rien d'abusif, d'irrégulier ni de profane ; d'examiner si la doctrine de la foi et la discipline des mœurs y sont observées ; de discerner et de prononcer, après une exacte recherche, quels sont les vrais ou les faux miracles, et de faire comprendre au peuple même le plus grossier qui se prosterne devant la croix, que ce n'est pas cette figure inanimée qu'il faut adorer, mais Jésus-Christ mourant sur la croix et opérant notre rédemption dont elle nous rafraîchit la mémoire.

Nous pouvons devant Dieu et devant vous, mes très-chers frères, nous rendre ce témoignage que nous avons éloigné de ce diocèse, durant le cours de notre épiscopat, toute doctrine et toute nouveauté suspecte. Nous avons travaillé à vous faire connaître Dieu seul spirituellement et véritablement adorable, pour lui former en vous des adorateurs en esprit et en vérité. Nous avons prêché Jésus-Christ crucifié, afin de vous rendre semblables à lui par la charité, par la douceur, par la patience. Nous avons eu soin de vous annoncer une religion pure et sans tache, également contraire à l'incrédulité des uns, à la superstition des autres, afin que ceux qui sont avec nous fussent instruits et consolés, et que ceux qui sont hors de l'Eglise fussent édifiés de nous, ou du moins n'eussent rien à nous reprocher.

Notre sollicitude n'a pas été moindre quand nous avons appris les hommages précipités qu'une foule empressée allait offrir à la croix nouvelle, de crainte que l'erreur ou l'illusion ne se glissât dans l'esprit du peuple et que l'homme ennemi, dans l'obscurité de cette dévotion naissante, ne semât quelque ivraie parmi le bon grain. Nous avons instruit, exhorté, envoyé sur les lieux et aux environs des prédicateurs et des catéchistes, et remis dans l'ordre ceux qui, trop zélés, ou trop crédules, pouvaient en être sortis, heureux, après avoir vu dans cette contrée tant de profanations et de sacrilèges dont ni les remontrances des pasteurs ni les lois divines et humaines ne purent arrêter le cours, de n'être présentement occupés qu'à régler certains excès de religion dans des gens de bonne volonté, toujours prêts à se corriger.

Nous ne prétendons pas par là, mes très-chers frères. diminuer l'indignation qu'on doit avoir contre ceux qui mettent leur confiance en du bois; qui s'écrient sur des signes et des prodiges menteurs ; et qui détournent sur la créature l'encens réservé pour le Créateur. Nous avons déclaré, et nous le déclarons encore, que nous ne souffrirons rien de semblable ; et que, pour peu que nous connaissions qu'Israël devienne idolâtre, nous briserons le serpent d'airain.

Nous n'avons fait jusqu'à présent qu'observer ce qui s'est passé au sujet de cette croix : mais parce qu'on en parle partout, qu'on attend que nous en parlions, qu'on y suppose tous les jours de nouveaux miracles, et qu'il en court même des relations fausses et fabuleuses, nous avons cru qu'il était de notre devoir de faire connaître à tous ceux qui sont attirés par un esprit de piété, ou par quelque espérance de guérison, à cette dévotion qui n'est pas encore bien fondée, quelle a été son origine et quel est son accroissement.

Un berger, natif de Provence, venu quelquefois dans notre diocèse, d'un âge assez avancé, zélé pour la religion catholique et dévot à la croix de Jésus-Christ, vint nous communiquer il y a quelques mois le dessein qu'il avait d'élever une croix dans une de nos paroisses, à deux lieues de la ville de Nîmes, si nous voulions le lui permettre. Il nous fit connaître que les paroissiens en auraient beaucoup de joie; qu'il avait remarqué le lieu qu'il croyait être le plus propre; et qu'il n'avait d'autre motif ni d'autre intérêt que celui de relever l'honneur de la croix et de contribuer à la réparation des outrages que les hérétiques lui avaient faits dans les derniers désordres des fanatiques.

Nous reconnûmes en cet homme une simplicité qui ne manquait pas de bon sens; son dessein nous parut louable, et par nos ordres la croix fut faite avec soin,

bénite suivant les formes de l'Eglise, portée avec quelque
solennité, posée en signe de la mort et de la passion de
Jésus-Christ sur une espèce de montagne qui domine
d'un côté sur un grand chemin, de l'autre sur une plaine
où règnent plusieurs villages catholiques d'où, pouvant
être vue de plus loin et de plus d'endroits, elle pût être
par conséquent plus honorée.

Voilà, mes très-chers frères, l'origine de cette croix
qui fait tant de bruit, et pour laquelle nous avons vu
tout d'un coup s'élever une dévotion qui, n'ayant été
ni prévue ni sollicitée, ne peut venir que du cœur et de
la religion des fidèles ; mais qui, dans le concours et dans
le mouvement d'une multitude emportée par le goût
d'une pieuse nouveauté, et par un zèle qui n'est pas toujours selon la science, pouvait excéder les bornes d'une
vénération réglée.

Elle allait en effet jusqu'à regarder cette croix comme
une croix miraculeuse, et le berger, qui l'avait dressée,
comme un saint et comme un prophète.

Cependant cette ferveur se réchauffe de plus en plus ;
les voies de Sion sont tous les jours plus fréquentées ;
les processions abordent de toutes parts ; les malades s'y
traînent ou s'y font porter ; les miracles vrais ou faux
se publient sur la montagne ; le bruit s'en répand dans
le voisinage et bientôt plus loin ; et, soit inspiration du
ciel, soit envie d'être guéri, soit impatience de réparer
tant de profanations passées, ce culte se trouve établi,
sans savoir pourquoi, presque aussitôt qu'il a commencé.

Quoique le peuple instruit de la doctrine de l'Eglise
marche dans les voies de la vérité, et qu'il ne recon-
naisse en cette croix d'autre vertu que celle de Jésus-
Christ crucifié ; comme il y a partout des esprits qui se
préoccupent, et qu'il convient de leur en ôter les occasions, nous avons d'abord éloigné de notre diocèse le
berger à qui le peuple rendait des honneurs excessifs,
de peur que cette prévention populaire ne l'exposât à la
séduction de l'orgueil ou de l'intérêt, et que sa présence
n'excitât quelque espèce de curiosité ou d'estime supers-
titieuse. Sur quoi nous sommes obligés de nous louer
de sa résignation et de son obéissance.

Nous avons rejeté ces visions et ces révélations célestes, dont quelques-uns croyaient qu'il fallait relever l'origine de cette croix, pour la rendre plus vénérable en la rendant mystérieuse. Si son exaltation est l'œuvre de Dieu, il n'a pas besoin, pour la maintenir, du secours des fictions et des inventions humaines. Si c'est l'ouvrage de l'esprit ou de l'imagination de l'homme, elle tombera d'elle-même. Pourquoi, comme les faux prophètes, faire parler le Seigneur quand le Seigneur n'a pas parlé ? Et pourquoi vouloir honorer par le mensonge celui qui dans son Evangile s'est appelé la vérité ?

Sur le bruit qui s'était répandu qu'un saint évêque de nos prédécesseurs avait été anciennement enterré sur cette montagne, nous avons empêché le peuple crédule d'aller, sur des traces imaginaires d'un tombeau, porter de vaines et indiscrètes prières à un saint qu'on ne connaît point et qui n'a peut-être jamais été.

Nous avons défendu de ratisser cette croix ou d'en couper des morceaux pour les garder comme des reliques. Ces parties séparées ainsi du tout, ayant perdu le mérite de la signification et de la représentation de la mort et des souffrances de Jésus-Christ, ne sont que des fragments d'un bois commun qui n'est plus digne d'aucun honneur. Nous avons ordonné pour cet effet aux prêtres et aux officiers du lieu de se précautionner contre cet abus, de peur que ces petites et fausses dévotions ne vinssent à détruire la principale et la véritable.

Après avoir ainsi réformé les préventions et les ignorances d'un petit nombre de personnes, nous avons eu la satisfaction de voir croître avec l'affluence du peuple la ferveur de la piété dans un culte religieux et raisonnable.

Vous savez, mes très-chers frères, la vénération qu'on a toujours eue pour la croix, depuis que par la mort de Jésus-Christ, d'instrument de supplice qu'elle était, elle est devenue l'instrument de son sacrifice. C'est par la croix que Jésus-Christ nous a réconciliés avec Dieu. C'est sur la croix qu'il a pacifié, par son sang qu'il y a répandu, tant ce qui est sur la terre que ce qui est dans le ciel. C'est par elle qu'il nous a fait revivre en nous pardonnant nos péchés, et qu'effaçant la cédule qui nous était contraire, il l'a entièrement abolie en l'attachant à la croix.

Les chrétiens des premiers siècles l'eurent en si grand respect, qu'ils en furent par distinction surnommés les adorateurs de la croix. Les figures et les représentations des croix devinrent bientôt communes. Le pape Pie Iᵉʳ ordonna qu'elles fussent bénites et mises au rang des choses sacrées. C'était l'usage des anciens martyrs, lorsqu'ils se préparaient à la mort, de faire un grand signe de croix sur eux-mêmes, comme pour consacrer leurs personnes ; et pour imprimer et porter sur tout leur corps, non-seulement la mortification, mais la mort même de Jésus-Christ ; et pour se crucifier spirituellement avec lui, quoiqu'ils mourussent d'une autre espèce de supplice.

L'Église a toujours regardé le signe de la croix comme une profession de foi tacite ; comme un bon augure, et une bénédiction prévenante de nos actions et de nos entreprises ; comme la marque du sacrement et du sang de Jésus-Christ. Elle a voulu que la figure de la croix fût souvent réitérée dans toutes ses consécrations, parce qu'il n'y a que la vertu de Jésus-Christ qui opère les sanctifications et qui perfectionne les sacrements.

Les empereurs, de leur côté, ont établi l'honneur de la croix par des lois dignes de leur religion et de leur sagesse. Ils l'ont placée dans leurs étendards, comme un signe ou présage de victoire ; ils l'ont posée sur leur diadème, comme la marque de leur foi et de leur soumission à l'Église ; ils l'ont fait arborer dans les villes et les campagnes, pour exciter la dévotion des peuples. Constantin, par reconnaissance et par piété, en fit planter une à Rome, et trois à Constantinople. Dans la suite l'usage les a multipliées, et Dieu a bien voulu en favoriser quelques-unes, en divers temps et en divers lieux, d'une protection toute particulière.

Il n'en faut pas davantage, mes très-chers frères, pour justifier les vœux que vous portez à la croix, et les bienfaits que vous en rapportez. Les guérisons miraculeuses,

que vous croyez y voir ou y ressentir tous les jours, ne
nous surprennent pas. Qui ne sait que l'Esprit de Dieu
souffle où il veut : que le bras du Seigneur n'est pas
accourci ; et qu'il manifeste la gloire de son nom, en
attachant quand il lui plaît à d'infirmes et sensibles éléments les effets extraordinaires de sa grâce ou de sa puissance ? Mais ces guérisons ne nous déterminent pas.
Nous savons que, selon l'Écriture, nous devons être
prudents dans le bien ; qu'il est à propos d'éprouver les
esprits, pour connaître s'ils sont de Dieu ; que ce serait
prendre son nom en vain que d'approuver de vains
miracles ; et qu'on n'est guère moins coupable de lui
attribuer une fausse gloire, que de lui en refuser une
véritable.

Les miracles, mes très-chers frères, sont des effets surnaturels, que Dieu produit par sa vertu, pour la mani-
festation de sa puissance, ou pour l'affermissement de
sa religion, quand il le juge nécessaire. S'il s'en faisait
toujours, à force d'être ordinaires, ils passeraient pour
naturels ; il y aurait de l'insuffisance dans les premiers
ou de l'inutilité dans les derniers ; la coutume en ôterait
l'admiration ; la foi s'affaiblirait par ces évidences con-
tinuées ; et l'on aurait plus d'attention aux signes
visibles de sa puissance qu'aux effets invisibles de sa
grâce.

Il ne convient pas non plus que les miracles aient
cessé ; on douterait des anciens, si l'on n'en voyait
quelquefois de nouveaux. La foi de plusieurs est
devenue si faible qu'elle a besoin de temps en temps
d'être ranimée. La religion n'en serait pas moins sainte,
mais elle en serait moins éclatante. Le peuple demande
des signes et des prodiges, des guérisons et des déli-
vrances surnaturelles. Ce ne sont pas les choses grandes,
ce sont les choses extraordinaires qui le frappent. Il
reçoit tous les jours tant de gages de l'amour et de la
miséricorde de Dieu, il veut encore voir au moins de loin
en loin des spectacles de sa puissance.

Le Seigneur, selon l'ordre de sa providence, emploie
les miracles quand il veut introduire dans le monde
quelque ordonnance ou quelque doctrine nouvelle. Dans

la publication de l'ancienne loi, il voulut comme forcer par des prodiges inouïs un peuple, porté naturellement à l'idolâtrie, à le reconnaître pour le vrai Dieu. Dans l'établissement de l'Evangile, pour affermir la créance de mystères qui sont au-dessus de la nature, et de pratiques opposées aux inclinations et aux forces naturelles, il a voulu montrer qu'il était le législateur souverain des hommes et le maître de la nature, communiquant encore à ses apôtres le même pouvoir d'accréditer sa foi et de faire de ses miracles et des leurs comme le sceau de sa parole et de la prédication évangélique.

C'est par ce moyen qu'il a préparé les peuples à résister aux erreurs naissantes. C'est par ce privilège qu'il a fait discerner l'Eglise catholique dans la confusion des hérésies. C'est par ce témoignage authentique de secours et de protection qu'il a consolé son peuple, après qu'il a souffert quelque rude persécution, et que, par d'horribles scandales, il a vu sa religion violée.

Nous avons lieu de croire, mes très-chers frères, qu'après les tribulations que la foi vous a causées, vous avez droit de jouir des consolations que la foi vous donne. Qui sait si, par cette croix nouvellement élevée, Dieu ne veut pas faire réparer l'ignominie de tant d'autres indignement brisées et abattues? Qui sait s'il ne veut pas faire abonder sa grâce où les crimes ont abondé ; et si, comme il a fait voir en nos jours de véritables martyrs, il n'a pas dessein de montrer de véritables miracles? Qui sait si le sang de tant de martyrs, dont la terre voisine est encore toute trempée, n'a pas obtenu par ses cris ces grâces visibles pour leurs frères, et peut-être même pour leurs meurtriers?

Ce n'est pas notre dessein pourtant d'approuver tant de miracles que nous n'avons pas encore jugé à propos de vérifier dans les formes. Nous ne pouvons pas dire qu'il y en ait aucun de certain, ni qu'il soit certain qu'il ne s'en soit fait aucun. Mais, comme il ne nous convient pas de favoriser les opinions populaires sur des faits qui ne sont pas avérés, nous ne voulons pas aussi laisser perdre le bien que la Providence divine veut tirer de cette dévotion qui s'augmente tous les jours. Il ne faut rien donner au mensonge, mais il ne faut rien ôter à la vérité ; et, comme nous ne devons pas donner cours aux erreurs naissantes, nous ne devons pas aussi arrêter le cours d'une source nouvelle de bénédictions, qui s'ouvre et se répand dans notre diocèse.

Nous apprenons en effet des curés des environs qu'à l'occasion de cette croix la piété s'est établie dans leurs paroisses. Les jeux et les divertissements en sont bannis ; les cabarets y sont fermés ; il n'y a plus ni dissensions, ni débauches ; on n'y chante que de saints cantiques, les offices sont fréquentés ; les fêtes s'y sanctifient ; et, les jours même de travail, on va se délasser le soir au pied de la croix, par les prières qu'on y fait, des fatigues de la journée.

Nous savons qu'un peuple infini aborde tous les jours cette montagne, presque tous pieds nus, dans un profond recueillement, sans se parler, sans se distraire les uns les autres ; que le chemin se passe en oraisons et en prières ; qu'ils marchent tous, devant ou après leur communion, occupés de Jésus-Christ et de ses mystères ; que la première station est l'église de la paroisse où chacun rend à Jésus-Christ présent et sacrifié sur l'autel ses premières adorations ; qu'on va de là sans bruit et sans confusion, le cœur contrit et les yeux baissés, rendre à la croix de Jésus-Christ les hommages qui lui sont dus.

On nous a rapporté qu'il règne sur cette montagne un silence religieux qui n'est interrompu que par les soupirs et les prières de ceux qui sentent le poids de leurs douleurs et de leurs péchés, ou par la voix de ceux qui chantent les hymnes faites en l'honneur de la croix ; qu'enfin on s'en retourne aussi modestement qu'on était venu ; que ceux qui se croient délivrés de leurs maux glorifient Dieu ; que ceux qui n'en sont pas guéris se sentent consolés ; que chacun y reçoit l'édification qu'il y donne, et rapporte dans sa maison, sinon les espérances d'une bonne santé, du moins les projets d'une bonne vie.

Mais ce qui nous console le plus, c'est d'apprendre les

bénédictions spirituelles que le Seigneur daigne verser sur ces assemblées. On y voit des pécheurs qui se convertissent à Dieu de tout leur cœur ; des pénitents qui repassent leurs années dans l'amertume de leur âme ; des ennemis qui se réconcilient sans autre médiation que celle de leur conscience ; des incrédules, venus à cette croix comme à un scandale, s'en retournant frappant leur poitrine ; des gens enfin de peu de foi, que le hasard ou la curiosité y ont amenés, touchés de la dévotion du peuple et de la religion du lieu, se sont écriés comme Jacob : Vraiment Dieu est en ce lieu, et nous ne le savions pas.

Ce sont là, mes très-chers frères, les miracles qui nous intéressent le plus. Ce qui regarde votre salut éternel nous devant être plus cher que ce qui vous procure une santé passagère. Les effets de la miséricorde de Dieu n'ont pas moins de grandeur que les effets de sa puissance, et les dépouilles invisibles des vices vaincus par la grâce de Jésus-Christ, laissées au pied de la croix, ne lui font pas moins d'honneur que les images visibles qu'on y laisse des infirmités et des guérisons corporelles.

Nous ne vous blâmons pas de recourir dans vos langueurs et dans vos douleurs à la croix, sur laquelle Jésus-Christ les a supportées dans son corps mortel, comme les peines de nos péchés. La nature affligée et souffrante cherche toujours à se soulager ; quand les moyens humains lui manquent, elle s'adresse aux surnaturels ; il y a même, outre, la délivrance, quelque gloire d'avoir été regardé de Dieu comme un objet digne de ses compassions et de s'être tiré par une providence particulière de la sujétion et des lois communes de la nature.

Mais nous vous exhortons, mes très-chers frères, à monter ce nouveau Calvaire en esprit de pénitence ; à porter dans vos corps infirmes un cœur contrit et humilié ; à préférer les considérations de votre salut à toutes les autres ; à révérer la croix dans la vue d'y participer si Dieu le veut ; et à vous mettre dans la disposition de rapporter dans vos maisons, ou la joie, ou l'humiliation ; et de laisser à Dieu la gloire de votre guérison, ou le tribut de votre patience.

N'y allez pas par envie de voir des miracles. Jésus-Christ n'en fit point pour Hérode, ni pour sa cour. Les merveilles de Dieu ne sont pas faites pour divertir, mais pour convertir les hommes. Le respect, la frayeur, l'étonnement, l'instruction et le profit les accompagnent, non pas une vaine curiosité, ou une admiration infructueuse.

Ne vous faites pas non plus un honneur de raconter les miracles que vous vous imaginez avoir vus, ou que vous avez ouï tumultuairement proclamer : car, comme les vrais servent à confirmer la foi, à nourrir la piété, à soutenir les gens de bien et à confondre les impies, les faux offensent la vérité, qui est l'âme de la religion, induisent les faibles à l'erreur, donnent matière aux railleries des libertins, fondent aux ennemis de l'Eglise un nouveau droit de la calomnier, et fournissent à tous les esprits mal intentionnés, par ces miracles qui sont faux, des préjugés contre ceux qui sont véritables.

Nous défendons aux curés, aux ecclésiastiques ou religieux, qui se trouveront présents à ces dévotions de la croix, de donner des attestations des miracles, dont on ne peut sainement juger sans les avoir examinés ; qui dépendent des circonstances du passé et de celles de l'avenir ; et qui ne peuvent être véritables, si les maux ne l'ont été, et si les guérisons ne le sont aussi. Les acclamations des peuples ne font qu'une impression légère ; une impétuosité de foi leur fait presque voir ce qu'ils ne voient pas ; quand ce feu de persuasion est refroidi, on les détrompe facilement ; ce bruit se dissipe, et le mensonge, s'il y en a, se dissipe aussi.

Mais les attestations écrites par des personnes qu'on doit estimer par leur état aussi fidèles dans les témoignages qu'ils rendent que dans les ministères qu'ils exercent, sont censées être données avec connaissance de cause, courent de main en main et de lieu en lieu, troublent la religion des faibles et même des forts, et vont tenter la crédulité des provinces voisines. Nous nous chargeons, suivant les ordres du saint concile de Trente, d'examiner ces faits, dont il faut encore douter.

Nous vous recommandons enfin, mes très-chers frères, que la sagesse de votre conduite réponde à la pureté de votre foi ; que, selon le conseil de l'Apôtre, tout se passe dans l'honnêteté et dans l'ordre ; et que la paix, la prudence, la charité, la sobriété vous accompagnent dans ces pieux pélerinages. Que les hommes aillent autant qu'il se peut, séparément d'avec les femmes ; qu'il n'y ait ni dissipation, ni conversation indécente ; et que la religion du dehors fasse connaître celle du dedans.

Nous avons cru devoir arrêter des compagnies de filles dévotes, qui, pour éviter la chaleur du jour, ou pour être moins remarquées, partaient la nuit pour aller visiter la croix. Nous savons qu'elles marchent dans l'honnêteté et dans la décence, comme si elles marchaient de jour, deux à deux, occupées de leur silence ou de leurs prières ; qu'elles attendent impatiemment au pied de la croix que l'aurore la leur découvre. Le motif qui les y conduit semble nous répondre de leur sagesse , mais, comme il y a des bienséances que la religion et le monde même ont établies ; que les pratiques les plus saintes dégénèrent avec le temps ; que la réputation du sexe est très délicate et que les abus s'introduisent à la faveur même de la piété, nous avons jugé à propos de les avertir que les filles chrétiennes ne doivent ni trop se montrer, ni trop se dérober au monde ; qu'elles ont des voiles à prendre moins sombres que ceux de la nuit ; et que leur modestie doit être non seulement exacte, mais encore, selon saint Paul, connue de tous les hommes.

Comme il vient des processions de plusieurs diocèses, nous présumons qu'il ne s'en fait point sans la permission de l'évêque diocésain, aucun séculier, quel qu'il soit, n'ayant droit d'en faire, ou d'en ordonner, selon les conciles. Leur marche doit être grave et bien concertée ; leurs chants et leurs cérémonies conformes aux lois et aux usages de l'Eglise ; qu'on ne s'entretienne qu'avec Dieu ; qu'on ne s'arrête qu'à la croix ; qu'on ne s'attache, dans les repas et dans les délassements qu'on y prend, qu'aux besoins non pas aux plaisirs de la vie ; et qu'on se souvienne que les grâces qu'on reçoit ici sont en partie les fruits des bons exemples qu'on y donne.

Grâces à Jésus-Christ, qui doit attirer tout à lui quand il sera élevé de terre, il ne s'est rien passé qui ne fût louable et chrétien ; et quoiqu'il y ait eu certains jours plus de quatre mille personnes de tout sexe, de toute condition, de tout âge, il n'est arrivé jusqu'ici aucune espèce de désordre.

Pour vous, mes très-chers frères, qui sortis depuis peu du sein de l'erreur, n'avez pas encore le goût de ces dévotions affectueuses, ne vous offensez pas des honneurs qu'on rend, par rapport à Jésus-Christ, à tout ce qui lui appartient ou qui le représente. Ne soyez pas les ennemis de sa croix, de peur d'en être les adorateurs. N'imputez pas à l'Eglise des superstitions qu'elle n'enseigne pas, qu'elle ne dissimule pas, qu'elle ne souffre pas dès qu'elles lui sont connues. Demandez à Dieu, non pas qu'il diminue la foi de vos frères, mais qu'il augmente la vôtre. Nous ne prétendons pas qu'il y ait en cette croix matérielle ni divinité, ni vertu qui la puisse faire honorer. Ce n'est pas là que nous adressons nos demandes, ou que nous attachons notre confiance; nous révérons ce qu'elle nous représente. A Dieu seul sont dus ces adorations suprêmes, ce culte direct et absolu que nous lui rendons. Humiliés et anéantis devant lui, à cause de son excellence et de son indépendance souveraines, nous nous écrions avec l'Apôtre : Au roi des siècles, immortel, invisible, à Dieu seul soit honneur et gloire dans tous les siècles des siècles.

Il ne me reste plus qu'à conjurer tous les fidèles qui, par un mouvement de religion, viendront auprès de cette croix, d'y venir tous dans un même esprit; qu'à son aspect il reconnaissent ce qu'ils coûtent à Jésus-Christ, et par conséquent ce qu'ils lui doivent; qu'ils retracent dans leur mémoire les circonstances de sa passion, et qu'ils soient touchés de sa mort douloureuse et humiliante. Saint Grégoire de Nysse disait autrefois de lui-même qu'il n'avait jamais vu la représentation du sacrifice d'Abraham sans avoir répandu des larmes, sur quoi le second concile de Nicée tire cette conséquence par proportion : Quelles impressions doit faire sur les chrétiens la vue de la croix de Jésus-Christ, vraiment crucifié, mort et ressuscité.

Prions-le tous ensemble qu'il nous donne les grâces nécessaires pour recueillir le fruit et le mérite de sa rédemption ; qu'il nous inspire les sentiments d'une véritable pénitence ; et qu'en vertu de la croix, où son amour et nos péchés l'ont attaché, il nous aide à porter les croix spirituelles et corporelles dont il nous afflige en cette vie.

A Nîmes, le 21 juillet 1706.

Exhortation sur le Bon Pasteur

Ego sum pastor bonus. Bonus pastor vitam suam dat pro ovibus suis... Alias autem oves, habeo quæ non sunt ex hoc ovili, et illas oportet me adducere.

Je suis le bon pasteur. Le bon pasteur donne sa vie pour ses brebis. J'en ai d'autres qui ne sont pas de ce troupeau, et celles-là il faut aussi que je les ramène. Saint Jean, chap. x.

DEUXIÈME POINT

J'ai encore d'autres brebis, qui ne sont point de cette bergerie, dit Jésus-Christ ; il faut aussi que je les amène. Voilà ce que déclare le Fils de Dieu, comme l'avancement de sa foi et la consommation de son ministère. C'est-à-dire qu'il est venu pour sauver non-seulement les juifs, mais encore les gentils, qu'outre les brebis de sa nation qui lui étaient originairement et naturellement acquises, il en comptait d'autres qui devaient le devenir par leur conversion, et qui l'étaient déjà par leur élection ; qu'il fallait les appeler dans le corps de son Eglise, quoiqu'elles fussent séparées et comme étrangères au testament de la promesse ; qu'il ne fallait faire qu'un peuple de ces deux peuples par l'unité d'une même foi et d'une charité commune ; que les deux royaumes de Juda et d'Israël devaient se réunir sous un même sceptre, selon le Prophète ; c'est-à-dire le juif et le gentil sous un même chef et dans une même église : pour marquer qu'il n'y a point en lui d'acception de personnes, et qu'il ramasse ses élus de

toutes les nations selon les vues de sa providence et les
décrets de son élection éternelle.

C'est ici, mes frères, que je découvre toutes les difficultés de mes fonctions et que je sens tout le poids de
mon ministère. Si je n'avais à gouverner que des brebis dociles, nées dans nos champs, connues fidèles dès
leur enfance, élevées dans nos troupeaux, accoutumées
à notre voix, nourries dans nos pâturages, je veillerais
sur elles tranquillement, je les conduirais avec soin,
mais pourtant sans inquiétude ; et si quelqu'une s'écar-
tait par hasard, je n'aurais qu'à la rappeler et lui faire
voir ma houlette. Mais j'apprends dans les paroles de
l'Evangile que j'ai d'autres brebis, qui toutes réunies
qu'elles paraissent, sont encore comme séparées ; qui
sèchent faute de bonne nourriture ; qui écoutent la voix
du mercenaire et non du pasteur ; en un mot, qui ne
sont pas encore de mon troupeau, et qui sont pourtant
dans ma bergerie ; il me semble que Dieu me commande, à l'exemple de Jésus-Christ, de les ramener, et
je ne le puis que par sa grâce : *et illas oportet me
adducere.*

Vous m'entendez, mes frères, vous que Dieu appelle
depuis longtemps par notre voix, ou pour mieux dire
par la sienne, à l'unité de son Eglise, à la pureté de sa
loi, à la participation de ses grâces et de ses miséricordes.

Il y a près de treize ans que vous viviez sans loi, sans
ordre et sans religion. Nous vous avons exhortés, et
vous n'avez déféré ni à nos exhortations ni à nos
conseils. Nous vous avons tendu la main, et vous
n'avez jamais voulu vous approcher. Vous vous êtes
appliqués, non pas à nourrir votre esprit de pensées
saintes et salutaires, mais à flatter votre imagination
d'espérances frivoles et vaines. Vous avez cru à tout
esprit, hormis à l'esprit de Dieu qui vous appelait ; et
il est étonnant qu'étant si difficiles à croire nos sacrés
mystères, vous soyez si crédules sur toutes sortes de
propositions ou de nouvelles, quelque fausses et quelque absurdes qu'elles soient, quand elles vous plaisent.

Où n'avez-vous pas cherché de quoi vous flatter d'un

rétablissement prochain ? Ce n'est pas pour vous insul-
ter ni pour vous confondre que je vous dis ceci, c'est
pour vous avertir et pour vous instruire comme mes
chers enfants. Quelle impression fit d'abord sur vous
je ne sais quelle prophétie qui menaçait l'Église de
terribles révolutions, dont vous vous attendiez à des
renversements de religion qui doivent non-seulement
relever, mais encore faire triompher la vôtre ! Aux
moindres apparences de succès, vous croyiez que le
temps de votre délivrance était venu, que les astres
étaient pour vous, et que vos temples allaient être
rebâtis sur les ruines du royaume où ils avaient été
démolis. Le Seigneur a dissipé ces visions et ces songes,
et vous avez connu que vos prophètes vous avaient
annoncé des choses fausses.

Vous vîtes allumer ensuite une guerre sanglante et
universelle. J'atteste ici votre bonne foi, mes frères ;
vous réveillâtes vos espérances. Vous crûtes, non pas
par mauvaise intention contre la patrie, mais par un
zèle de religion, vous crûtes, dis-je, que la France était
sur le penchant de sa ruine ; que le ciel armait contre
nous toutes les nations de la terre pour venger votre
religion violée ; que toutes les puissances qui s'intéres-
saient à vos droits allaient percer tant de pays pour
venir jeter elles-mêmes, malgré tous nos efforts, les
fondements de vos temples que vous croyiez injustement
démolis ; et que les princes, même catholiques, qui
étaient devenus nos ennemis par aversion, seraient vos
protecteurs par politique. En effet, on eût dit que la
France devait succomber sous le poids d'une ligue si
formidable, que notre ruine était tout au plus l'affaire
d'une ou de deux campagnes, et que ce grand royaume
allait être la proie de tant de puissances confédérées
Cependant, mes frères, les nations en vain ont frémi ;
les peuples ont médité des choses vaines, les rois de la
terre se sont assemblés et les princes se sont ligués
contre l'oint du Seigneur, et le Seigneur s'est moqué de
tous leurs projets.

Enfin lorsque la guerre ne favorisait pas vos desseins,
vous vous retranchiez sur la paix. Vous croyiez que

c'était là le terme heureux de toutes vos peines, que le
monde ne pouvait trouver son repos que vous ne fussiez
satisfaits, et que vous aviez en main l'homme de votre
paix, à qui le roi ne pouvait s'empêcher d'accorder votre
liberté. Vous dressiez vous-mêmes par avance l'article
du traité qui vous regardait ; cependant votre espérance
a été vaine. Le roi a ressenti partout la protection du
ciel, soit qu'il ait fait la guerre, soit qu'il l'ait finie.
Dieu l'a regardé comme un prince selon son cœur, qui
avait accompli ses volontés ; les victoires, qui sont des
faveurs du ciel, l'ont couronné, et la paix, qui est la
compagne de la justice, rend son royaume plus heureux
et plus florissant que jamais.

Vous remettiez ainsi votre foi à la fortune des événements que vous espériez tels que vous les aviez souhai-
tés. Or, mes frères, si vous aviez vu la France abattue,
les églises renversées, le siége de Rome ébranlé, quelle
conséquence auriez-vous tirée ? Qu'auriez-vous pensé ?
Qu'auriez-vous dit ? Que c'était une punition ; que le
ciel avait jugé votre cause en faveur : que c'était une
marque évidente que Dieu n'approuvait pas le dessein
de vos conversions. Tout a réussi : Dieu a béni les
armes du roi ; le royaume est en paix ; les portes de
l'enfer n'ont pu prévaloir contre l'Eglise. Des princes
même souverains dans le Nord se font catholiques. Que
ne dites-vous : C'est l'œuvre de Dieu ; le roi fait bien ;
Dieu le veut ainsi ? N'est-il pas juste que vous recon-
naissiez sa volonté dans les bons événements, comme
vous l'auriez préjugée dans les mauvais ?

Mais sans m'arrêter à ces raisons, qui sont hors
de vous, examinez, je vous prie, l'état où vous êtes.
Quoi de plus triste et de plus terrible à des consciences
un peu timorées que d'être sans religion comme des
athées ! A Dieu ne plaise, mes frères, que je croie que
vous disiez dans votre cœur, comme ces insensés
de l'Ecriture : il n'y a point de Dieu. Vous le recon-
naissez, vous l'adorez, son image est empreinte dans
votre esprit et dans votre cœur. La nature même,
l'instinct, la religion que vous professiez vous ont fait
connaître la grandeur, la puissance et la miséricorde

dans la lecture des saintes Écritures. Vous seriez sans
doute plus coupables et plus malheureux si vous étiez
sans connaissance de Dieu. Mais pardonnez-moi si je
vous dis que vous êtes plus inexcusable si, le reconnaissant comme vous faites, vous ne le glorifiez pas comme
vous devez, en lui rendant ce culte de religion authentique et public que toutes les nations lui ont rendu dans
tous les temps. Où sont vos autels ? où sont vos prêtres ?
où sont vos sacrifices ? où sont vos solennités ? où sont
vos prières publiques ? où est votre signe du christianisme ?

Vous me direz peut-être : J'ai ma religion dans mon
cœur, je la renferme toute en moi-même. Quelle religion est celle-là qui ne paraît point, qui n'a aucune
fonction ? Comme la foi sans les œuvres est une
foi morte : *sine operibus mortua est,* la religion sans
exercice est une religion infructueuse. Elle se corrompra
si vous la laissez oisive et comme ensevelie dans
un cœur tiède et paresseux ; il lui faut du mouvement
pour la tenir pure. Plût à Dieu, direz-vous, pouvoir pratiquer ma religion ! Pourquoi me l'a-t-on interdite ? Le
roi, sa conscience, le zèle que Dieu lui a donné
pour votre salut, l'ont engagé à vous ramener dans le
sein de l'Église dont vous êtes sortis. Il vous fait part de
ce qu'il y a de plus cher et de plus précieux, je veux dire
sa religion, où toute la vôtre se trouve : même symbole
de croyance, même modèle d'oraison dominicale, même
loi de commandement, même morale, même doctrine
du bien et du mal, même connaissance de Dieu et de son
unité, de sa trinité et de ses perfections divines, même
foi en Jésus-Christ le sauveur et le rédempteur des
hommes, même Évangile dépositaire de ses vérités
éternelles. Que ce soit dans vos temples ou dans
nos églises, entre vous, ou avec nous, que vous assis-
tiez aux prières, aux instructions, à la célébration des
saints mystères, de quoi vous embarrassez-vous ?

Aimez-vous mieux demeurer dans votre indolence ?
Ne sentez-vous pas peu à peu défaillir votre foi et
vos habitudes de piété ? Ne vous reprochez-vous pas
à vous-mêmes la stérilité de votre âme ? Point de

liberté, point de paix, point de société de prières, point d'usage de sacrements, point de participation au corps et au sang de Jésus-Christ. Vos cœurs sont remplis de cette tristesse qui opère la mort, qui ne vient pas de pénitence, mais d'obstination. Vous êtes comme ces montagnes de Gelboé où il ne tombe ni pluies ni rosée ; vous avez perdu votre zèle et votre charité, cette faim même de la parole de Dieu que vous regardiez comme votre propre caractère. On vous voit sombres, pensifs, irrésolus, flottant dans la foi, entre deux religions que vous voudriez pouvoir suivre toutes deux, et que vous avez peut-être toutes deux abjurées ; voulant paraître ce que vous n'êtes pas, n'osant paraître ce que vous êtes, traîner vos consciences, ou trop farouches, ou trop timorées, disputer sans discrétion, vous déterminer sans connaissance, vous joindre sans union, prier sans goût et sans efficace, souffrir sans mérite, vivre sans règle, et mourir sans consolation.

Souffrez, mes frères, que je mette ainsi la main sur vos plaies, non pour les aigrir, mais pour les guérir, si je puis. Je vous plains, je sais qu'il est difficile d'étouffer les préjugés de sa naissance, d'effacer toutes les impressions qu'on a reçues dès sa jeunesse, d'oublier tout ce qu'on a vu et tout ce qu'on a ouï. Je vous plains encore une fois ; mais je vous plains encore davantage si vous demeurez dans vos opiniâtretés ou dans vos irrésolutions.

Car, enfin, que vous proposons-nous ? votre salut. Quel motif avons-nous ? la charité. Il ne nous en revient ni gloire ni richesse, ni autre avantage temporel que celui de vous procurer, même malgré vous, ce que pourtant vous dites que vous souhaitez le plus, le repos de cette vie et le bonheur éternel. A quoi vous invitons-nous ? à servir Dieu avec nous dans la paix et dans la simplicité du cœur ; à reconnaître sa majesté souveraine ; à recourir à sa grâce ; à jouir de ses consolations et de ses bienfaits ; à puiser dans les sources de Jésus-Christ, notre Sauveur, les eaux salutaires qui jaillissent à la vie éternelle. Nous vous ouvrons nos églises, quelle peine avez-vous d'y venir ? Qu'y voyez-

vous ? ces autels où vos ancêtres ont si souvent porté
leurs offrandes ; ces murailles qu'ils ont si souvent fait
retentir des cantiques de la sainte Sion ; ces tabernacles
où ils ont été si souvent chercher, avec foi et avec humilité,ce pain de vie qui fortifiait leur vertu et qui servait
de nourriture à leurs âmes. Que fait-on dans l'enceinte
de ces églises ? on y chante des hymnes et des psaumes ;
on y médite les mystères de la passion de Jésus-Christ ;
on les y renouvelle d'une manière non sanglante ; on y
prêche son Evangile dans ses chaires de doctrine et de
vérité ; on y communique les uns avec les autres en
esprit d'union et de charité dans les prières communes.
Que trouvez-vous dans ces pratiques qui vous blesse ?

Il me semble que j'entends que vous me dites dans
votre cœur : La messe ! La messe ! Or, mes frères, que
pensez-vous que soit cette messe ? C'est un sacrifice
institué pour représenter celui qui a été une fois accompli sur la croix, pour en faire durer la mémoire
jusqu'à la fin des siècles, pour nous en appliquer la
vertu salutaire pour les péchés que nous commettons
tous les jours. Nous offrons à Dieu Jésus-Christ et
le mérite de sa mort. Ce n'est pas un supplément du
prix de notre salut, c'en est un renouvellement. Nous
le croyons et nous l'adorons.

Ici je m'adresse à vous, anciens catholiques, qui
devez être comme les tuteurs de l'enfance spirituelle de
vos frères, pour ménager les bonnes dispositions que
Dieu leur donne par vos soins et par vos exemples. Que
diront-ils, s'ils vous voient avec des airs peu respec-
tueux et des postures indécentes devant cet autel, où
les yeux éclairés de votre foi vous font découvrir la
majesté de Dieu, quoique cachée ; si vous venez porter
vos vanités jusqu'à la face du sanctuaire, et faire de
la maison de la prière une salle de conversation et
peut-être de cajolerie ; si vous leur rendez, par vos irré-
vérences, votre créance ou suspecte ou méprisable à
l'égard de ce sacrifice que l'Eglise appelle terrible ?
Dieu permettra peut-être, et j'ai cette confiance en sa
miséricorde, que ces nouveaux venus, pénétrés de la
vérité de ce mystère, les yeux et le cœur tournés vers

le propitiatoire comme ces chérubins de l'arche, assisteront à la messe, modestes, humiliés et recueillis, à votre grande confusion, et vous donneront des exemples de retenue et de piété, que vous deviez leur avoir donnés.

Je reviens à vous, mes frères. Quel pensez-vous que soit le tissu de notre liturgie, ou de notre messe ? quelques versets choisis des psaumes que le prêtre prononce au bas de l'autel ; une humble confession de ses péchés de pensée, de paroles, d'œuvres devant Dieu et devant les hommes ; des oraisons pleines d'onction et de sagesse, qui s'adressent à Dieu le Père, qui invoquent le Saint-Esprit, et qui se concluent toutes par les mérites de Jésus-Christ ; une récitation des endroits les plus instructifs et les plus touchants des apôtres ou des prophètes, qui animent notre foi ou qui réveillent nos espérances ; une lecture de l'Evangile, de ces paroles de vie éternelle sorties de la bouche du Fils de Dieu, que nous proférons avec respect, que nous entendons debout, pour marquer notre promptitude à exécuter les règles qu'elles nous prescrivent, et dont nous tirons la matière de nos prédications et de nos instructions au peuple. Quoi de plus édifiant ? Le reste ne l'est pas moins. Comme pour approcher de Dieu, en procédant à la célébration des saints mystères, il est nécessaire de croire, nous récitons le symbole de notre foi tel que l'ont dressé les apôtres et les saints Pères dans les conciles. Nous préparons les dons sacrés par nos bénédictions, nos oblations et nos prières. Nous consacrons enfin en vertu des paroles toutes-puissantes que Jésus-Christ nous a transmises et résignées ; et c'est par nos mains, quoique indignes, que se présente et paraît pour nous devant la face de Dieu, dit saint Paul dans son épître aux Hébreux, l'agneau sans tache, l'hostie pure, immolée pour nous sur la croix, et représentée continuellement à son père sur nos autels, où elle intercède pour nous. Y a-t-il rien en cela qui doive ou qui puisse vous rebuter ? Si vous avez la foi, venez l'exercer dans nos églises ; si vous ne l'avez pas encore, venez humblement la demander.

Ne craignez pas que je veuille vous engager témérai-

rement à des communions précipitées, et me rendre
moi-même, aussi bien que vous, coupable du corps et
du sang de Jésus-Christ en les livrant à des incrédules
ou en les hasardant à des âmes indéterminées ou hypocrites; malheur à moi, si je vous poussais à la sainte table
pour y aller sans discrétion manger votre jugement;
si je vous invitais au festin de l'époux, sans savoir
auparavant si vous avez pris la robe nuptiale ; si je vous
exposais à périr par le remède même qui doit guérir
toutes vos infirmités spirituelles! Ne craignez pas encore
une fois. J'entourerai ces autels d'une haie impénétrable qui vous en fermera les avenues. Je mettrai
des barrières entre vous et ces balustres, où se distri-
buent les saints mystères, jusqu'à ce que par une dévotion éprouvée et volontaire, vous méritiez de les recevoir.

Quelle difficulté trouvez-vous donc? que vous
demande-t-on ? De faire élever vos enfants dans la religion de vos pères, de leur donner des leçons de sagesse
et de christianisme, de les ramener à l'origine de leur foi
et de leur baptême. Ils n'ont aucune idée de la préten-
due réforme, ils n'en ont jamais vu ni les pratiques
ni les exercices; ils n'ont jamais ouï d'autre invec-
tive contre l'Eglise que celle que vous leur faites
en secret. Leur inclination les porterait à notre culte
catholique, l'autorité du roi les y réduira. Pourquoi donc
leur jetez-vous dans l'esprit des doutes dont il faudra
se défaire et dont ils auront peine à revenir? Savez-vous,
mes frères, ce que vous faites? Vous formez pour le
siècle prochain une génération perverse qui ne saura
comment honorer Dieu ; une race de gens qui se trouvant, sans savoir pourquoi, moitié huguenots, moitié
catholiques, obligés de vivre dans l'Église sans en oser
pratiquer les règles, clochant des deux côtés et ne
sachant ce qu'ils doivent croire, se réduiront peut-être
enfin à ne croire rien ; qui oublieront les instructions
qu'on veut leur donner, et ne prendront pas celles qu'on
leur prépare ; qui, demeurant toute leur vie indétermi-
nés, mourront sans avoir fait choix de la religion qu'ils
doivent suivre, et qui, enfin, n'ayant aucune foi fixe,

se jetteront dans le libertinage à tout hasard : ou, s'ils
ont quelquefoi, ils vous maudiront de la leur avoir embar-
rassée et de leur avoir ôté ce qu'il y a de plus désirable
en ce monde, la piété, la paix de la conscience, et de les
avoir rendus par là malheureux en cette vie et encore
plus dans l'autre. N'auront-ils pas sujet de s'écrier avec
saint Bernard : *O non patres, sed peremptores !*

Pourquoi donc ne les remettez-vous pas à l'Église
catholique ? Vos pères, avant nous, ne s'y sont-ils pas
sauvés ? Oseriez-vous le nier ? Pourquoi vos enfants ne
s'y sauveraient-ils pas ? Le sang de Jésus-Christ aurait-
il été si longtemps sans utilité et sans efficace et
croyez-vous qu'il le devienne lorsque votre religion aura
cessé ? Si vous dites que vos pères étaient dans la bonne
foi et que Dieu leur a fait miséricorde, laissez-y vos
enfants et soyez assurés que Dieu la leur fera de
même.

Que ne leur montrez-vous l'exemple vous-mêmes?
Depuis le temps que vous êtes comme réunis avec nous,
vous avez pu vous désabuser. Nous avez-vous vu adore-
rer du bois ou de la pierre? Nous avez-vous reconnus si
superstitieux et si idolâtres, à moins que vous appeliez
idolâtrie l'adoration de Jésus-Christ que nous croyons
présent sur nos autels, sur la foi de sa parole? Approu-
vons-nous aucun vice? Ne conseillons-nous pas toutes
les vertus? Si vous voulez encore affecter une plus
grande pureté et une plus grande réforme, vivez parmi
nous dans l'exercice des vertus les plus évangéliques,
nous ne troublerons pas votre perfection, et nous serons
édifiés de vos bons exemples.

Ne dites pas que nous précipitons l'affaire; vous avez
eu le temps d'y penser et de vous instruire. On vous a
donné douze ans de relâche; vous avez eu raison de
douter, pourquoi n'avez-vous pas eu le soin de connaître?
Dans une occasion aussi délicate que celle de la vérité,
il faut du moins examiner et se donner la peine de la
rechercher. Quelles prières avez-vous faites? Quels bons
livres avez-vous lus? Quelqu'un nous a-t-il dit : Mon-
trez-nous les voies du salut? Y a-t-il eu quelqu'un qui
ait dit à Dieu : Seigneur, que voulez-vous que je fasse?

Vous n'avez pas cette docilité et cette soumission qui attirent les grâces et les lumières de l'esprit de Dieu; vous avez prié, mais vous vous êtes répondu vous-mêmes selon vos préventions ou vos désirs, et vous avez mis entre le ciel et vous une nuée, afin que votre oraison ne pût passer : *Opposuisti nubem tibi, ne transeat oratio tua;* ce sont les termes de Jérémie.

Faut-il vous étonner si l'on vous presse un peu pour vous tirer de l'assoupissement où vous êtes? Tant pis, dites-vous, la religion se persuade et ne se commande pas. Elle se persuade, mes frères, il est vrai, mais à ceux qui veulent écouter, à ceux qui aiment et qui cherchent la vérité, à ceux qui sont purs de cœur et humbles d'esprit. La religion s'introduit, non-seulement par la foi et par la raison, mais encore par la coutume; on s'y affermit à mesure qu'on s'y exerce. La vérité en est l'âme, la coutume en est le corps. La première établit le culte intérieur, la seconde le culte extérieur. Or, la vérité se persuade, mais la coutume se commande. N'a-t-il pas fallu forcer les païens et les infidèles? N'ont-ils pas eu la même peine à quitter leurs dieux qu'ils adoraient, que vous en avez à quitter votre culte chrétien? Constantin ne les a-t-il pas réduits par l'autorité. Théodose n'a-t-il pas dissipé les ariens? Il a fallu changer en ces gens-là leur habitude de religion, leur imprimer d'autres idées, et, par une contrainte salutaire, apprivoiser, pour ainsi dire, leur foi par l'exercice et par la coutume. Il y a un culte extérieur qui s'autorise par l'usage, qui s'introduit dans l'esprit par les sens, et qui se rend facile par l'habitude, et c'est ce culte qui se commande et qui se force, *compelle*.

Vous avez dit quelquefois : C'est une marque d'une mauvaise religion que d'user ainsi de violence. La vôtre est donc mauvaise, selon vous, dans les états où elle persécute les catholiques. En nous vous condamnez comme colère ce que vous louez en vous comme zèle. Vous voulez donc ôter à la vérité le droit de se faire reconnaître, et vous voulez laisser à l'erreur la liberté de se faire suivre. Vous voulez faire des martyrs en Angleterre, et vous ne voulez pas que nous fassions

des prosélytes en France. Vous êtes impitoyables sur
votre religion, et vous vous étonnez que nous soyons
sensibles sur la nôtre.

Mais les apôtres, direz-vous, n'ont pas établi
l'Eglise comme vous ; ils n'ont usé d'autres moyens
pour la conversion du monde que de l'instruction, de la
charité, de la patience ; ils n'ont employé ni l'autorité
ni la puissance. A qui vouliez-vous, mes frères, qu'ils
eussent recours ? Y avait-il des princes chrétiens ?
Tout le gouvernement était infidèle, toute la magistrature païenne. Ils ne pouvaient s'autoriser des ordres ou
des édits des empereurs ennemis de la religion naissante
qu'ils publiaient ; ils eurent recours à l'autorité de
Dieu même. Ananias et Saphira mentent au Saint-
Esprit, et veulent retarder le progrès de la perfection
des fidèles. Saint Pierre, armé de zèle, prononce
contre eux un anathème de mort, et les assomme, pour
ainsi dire, à ses pieds, par sa parole ; jetant par là une
triste mais salutaire frayeur dans toute l'Eglise. Simon
le magicien abuse le peuple, et, volant en l'air, veut,
par ses miracles contrefaits, mettre un obstacle à
l'Evangile ; le même apôtre arrête ses enchantements
par la force de sa prière, et le précipitant du ciel, où il
s'était témérairement élevé, le punit, à la vue de ses
aveugles admirateurs, d'une chute rude et mortelle.
Elimas prétend empêcher la conversion du proconsul
Serge ; saint Paul, ému d'une sainte indignation, se
sert de la puissance que Dieu lui donne, et frappe cet
imposteur d'un subit et terrible aveuglement. Présentement le Seigneur a remis son autorité aux puissances
chrétiennes, pour l'avancement de sa foi et pour la
gloire de son Eglise.

Ce n'est pas, mes frères, que je veuille un autre
esprit pour moi que l'esprit de la charité et de la
patience évangélique. Dieu m'est témoin que je vous
porte tous dans mon cœur, que je compatis à vos
peines, et que, prosterné tous les jours au pied des
autels, je lui demande affectueusement pour vous
la paix et la grâce de Jésus-Christ. Il me semble que je
vois dans vos cœurs ce qui s'y passe ; en ceux qui ont

encore une religion, des combats de deux volontés qui
se soulèvent, de la coutume contre la vérité, du monde
contre le monde, de la conscience même contre la
conscience. Écoutez, dans les instructions, les paroles
de paix qui peuvent calmer ces orages. Priez le
Seigneur qu'il répande la tranquillité dans vos âmes.
Vous trouverez les consolations que vous souhaitez, et
plus encore que vous n'en sauriez attendre. Vous nous
dites aujourd'hui : Pourquoi nous pressez-vous? Vous
nous direz peut-être un jour : Béni soit le moment
auquel vous nous avez pressés. Dieu veuille m'accorder
de mes jours cette consolation et cette grâce, et nous
appeler tous à sa gloire. Au nom du Père, etc.

TABLE

Introduction...................................   3
Note biographique et bibliographique.............   24

    I. — Le scandale de Jésus-Christ..............,...   31
   II. — Panégyrique de saint Louis.................   53
 III. — Sur l'obligation de l'aumône   75
 IV. — La croix de Saint-Gervasi.................   101
   V. — Le Bon Pasteur........................   115

2371-10. — Imprimerie des Orphelins-Apprentis, F. BLÉTIT,
40, rue La Fontaine, Paris-Auteuil.

ORIGINAL EN COULEUR
Nº Z 43-120-8

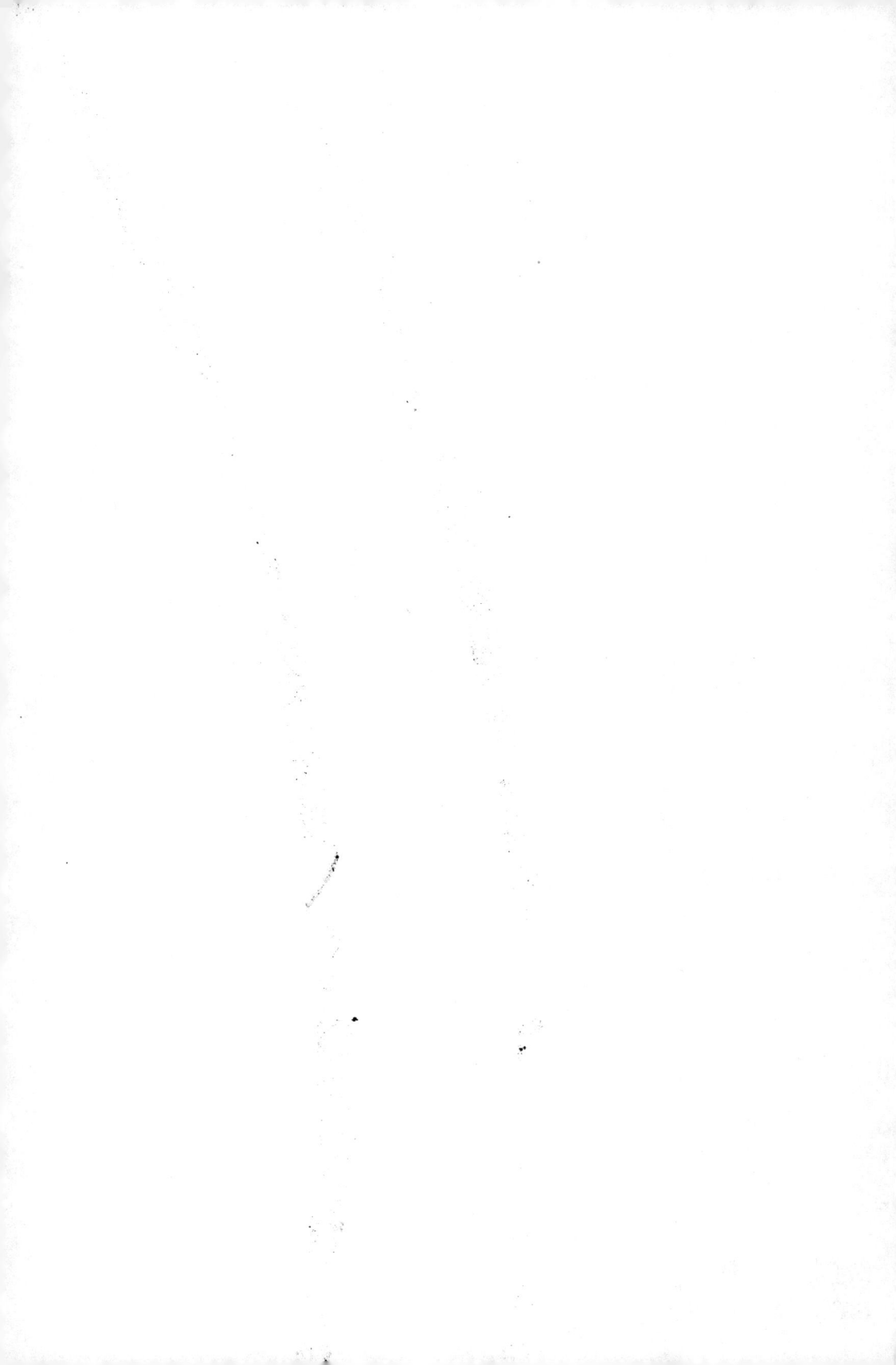

www.ingramcontent.com/pod-product-compliance
Lightning Source LLC
Chambersburg PA
CBHW071817090426
42737CB00012B/2130